西瀛勝境

那群在二二八事件抗爭的澎湖青年

鳴鏑 著

獻給我的摯愛陳韻如。

謝謝妳從來沒有放棄我，即使我曾經萬念俱灰，謝謝妳支撐我堅持下去，讓這本書可以被寫完；謝謝妳讓我知道，縱然這個世界有著諸多不完美，我們依然可以對未來懷抱著美好的想望。願我們此生可以攜手，一起走完台灣獨立建國的路。

【推薦序】

寫下歷史的延長線

楊翠

《西瀛勝境》，從被遺忘寫起，從被抹除寫起，從海風的謊言寫起。

一九四七年二二八事件，血腥塗抹台灣島嶼，氣味縈繞不去，澎湖也未能倖免。長年海色清媚的家園，首度被漫天烏雲覆蓋，有一群以熱血點燃理想之火的人，恍若消失於虛空。然而，這樣的記憶，很快地被更黑暗的強權所操控的歷史，全面奪取。

作者以「海風不誠實，大概是跟歷史學壞了，歷史總是在說謊。」一語，精準地註解了這段血腥殘暴歷史如何被抹除，家園如何被奪取，流滲著一種帶著眼淚的嘲諷，以及刺痛人心的荒謬感。

因為，我們都知道，海風並非不誠實，而是因為家園早已被奪取，家園的解釋權長期被搶奪。從那個被歷史長期註寫為偉大超凡的蔣委員長來到澎湖開始，從他讚賞「澎湖風景秀麗而心生感動」開始，從「西瀛勝境」的石碑被豎立開始，家園，就已不再是原來的家園。

因此，海風只能沉默，吞入歷史，暗自存檔，等待被重新開啟的那一日。

冼義哲就是那個開啟者。他以大伯公的生命史建構家族史，以家族史來折射澎湖這座島嶼的前世今生，開啟了海風封存已久的歷史檔案，把23歲的大伯公召喚回來，把島嶼曾經的熱血召喚回來。

海風只能留存記憶，而開啟記憶，卻必須靠族人自己。揭露，為歷史招魂，就是記憶重構的開始，也是我們真正能望向清朗未來的那一刻。

做為歷史檔案的開啟者，冼義哲這部家族史的一個特色，在於鮮明的時間感與空間感。時間線主要有兩部分，主線是一九四五年戰後初期到一九四九年全面戒嚴後這段時間，另一條線則是冼義哲所生存的21世紀；空間線則從澎湖擴及台灣本島；同時以故事串珠的形式，以某個時間、某個地點、某個族人、某些事件，形構出感知結構豐盈的家園空間意象。

這個家園，不是蔣委員長所讚嘆並摧毀的家園，而是澎湖人世代居住的生活空間，是熱血青年曾經付出理想與青春的實踐場域，也是家族青年開啟記憶鑰匙，重構鮮活歷史的招魂之所。

《西瀛勝境》改寫了強權所營造的「西瀛勝境」假象。冼義哲把自己也寫進去了，通過青年開啟歷史檔案，招喚魂魄的行動，讓這部家族史有了延長線，讓台灣歷史有了延長線，向真正自由沒有罣礙的未來，逐漸延伸。

【推薦序】

為什麼唯獨澎湖，在白色恐怖下有二二八事件紀念碑？

陸之駿

因為「西瀛勝境」牌樓旁的石碑，鐫刻著「對此次事變嚴守秩序，殊堪嘉慰」、「本年二二八事變發生蔓延全省，祇澎湖安定如常」這幾句話，長期以來，澎湖被認為與發生在一九四七年的台灣歷史大事二二八事件無關。

冼義哲這本《西瀛勝境》撥亂反正的，就針對這件事。他根據耆老口述，詳實紀錄二二八事件後發生的「紀淑事件」、「青年自治同盟」等塵封史事。

書的內容，這裡不贅述；書中寫的，自然比我轉述更加詳細、精彩。我這裡想提出一個問題——

為什麼蔣介石政權，唯獨在澎湖立下這座很特別的「西瀛勝境」二二八事件紀念碑？

台灣本島上，蔣介石政權對二二八事件，更多時候隻字不提，彷彿從來不曾發生過這場動亂。

我想這可能和澎湖的歷史地位有關。

澎湖列島，在一八九五年四月十七日簽訂的《馬關條約》（又叫《下關條約》、《日清講和條約》）中，與「台灣全島及所有附屬各島嶼」永遠讓與日本。情節與台灣命運雷同。

不同的卻是：澎湖至遲在十三世紀元代，即與大陸（地理名詞）同屬一政權管轄（設置巡檢司），而台灣卻要到約四百年後的一六八三年才「局部」（西岸）與大陸同屬一政權（清）管轄。台灣在西荷殖民前，原住民酋邦已具雛形；澎湖無原住民，百分之百漢人移民社會。

更重要的是：歷史上若干次佔領台灣的行動，均由澎湖出兵攻台——荷蘭人如此，鄭成功如此，鄭經如此，大清如此，日本亦復如是（《馬關條約》前一個月、一八九五年三月澎湖已於澎湖之役被日軍佔領）。

可以說：要拿台灣，先拿澎湖。

一九四七年二二八事件，嚇得大陸上風雨飄搖的蔣介石政權心驚膽跳。或許正因為「先澎後台」歷史殷鑑，蔣介石政權為了穩住澎湖、以免台灣失守，所以特立「西瀛勝境」紀念牌樓？

立碑的當時澎湖要塞司令史文桂，早於一九五四年作古。當時他是怎麼想的？尚待更多歷史文獻出土。

【推薦序】

英靈不滅，一脈相承

張宇韶

《西瀛勝境》的書名，是來自一座紀念牌樓的名字，建築裡頭塵封著七十餘年前的歷史真相，在那個我們無緣親見的歷史現場，以抗暴者之血為泥、以追求自治的精神為磚所砌成，再被威權者以黨國巴洛克式裝綴埋藏起來；直到那個當年騎著單車的少年長大，他心中那未被解開的疑問在街頭參與反抗運動時被淬鍊，終化成一把追求真相的鑿子，用兩年的寫作時間鑿穿了黨國粉飾太平的謊言，才發現那裡頭的磚泥曾是自己家族先人的血淚。

七十餘年，「澎湖未曾參與二二八事件」的謊言，在作者不斷訪問耆老、調閱文獻的交叉比對後，在寫作成文學作品後、在出版後，終將一點一滴向真相贖罪，台灣轉型正義工程中遺落的拼圖被找回，我們才得以知悉原來高雄屠夫彭孟緝第一時間調不到兵援和彈藥槍械，是當年一群澎湖熱血青年以命相拼的戰果。

二二八不只是單薄的一頁歷史血淚，更是台灣近代史詩上最悲壯篇章，「那些英雄所代表的反抗精神，以及他們對台灣民主化發展的集體貢獻，不能只是頒發回復名譽證書帶過，必須讓當代社會能夠明白當年他們的奮鬥」，作者以這樣的信念完成寫作，而在書中故事之外的故事則同樣引人入勝。

在澎湖近代民主發展史中，書中主角趙文邦是一個舉足輕重的角色，少時便是重要的意見領袖、穿梭官民之間調和鼎鼐，23歲那年因「組青年自治同盟」被登記入罪、被當成叛亂嫌疑犯，險些遭國民政府「全部殲滅」…而這些只是趙文邦先生年輕時的故事。

在太陽花世代中，主角趙文邦跨三代的後孫子輩、作者冼義哲是一個無法略過不提的人物，早在十幾年前這個手上還未握有選票的少年家就已經開始在體制內外來回戰鬥，無數公民行動中都能看見他的參與，22歲時便組織全台灣各地青年發起佔領政治的運動、23歲那年更成為台灣有史以來最年輕的立委參選人，跟他的伯公一樣反抗過暴政、因抗爭而被關押過。

於是我們在不同的時空與場域中，看見伯公與姪孫二人的身影交疊，時代不同但精神無異、英靈不滅而一脈相承，作為凡人，我們在看趙文邦的故事到冼義哲的奮鬥，無法不帶著浪漫去為反抗者的血液與靈魂感動。

作為文學寫作者，化身為「嗚鏑」的冼義哲，在此作中展現出與其第一本出版作品《十字路口》截然不同的寫作風格，是其功力使人驚艷之處，尤其提筆書寫自己家中的長輩更非易事，但他不負眾望地交給社會一篇蕩氣迴腸的史詩，更在寫作以外的世界持續為信念而戰。

一九四七年四月十四日至五月十五日，國民黨在澎湖展開「清鄉」整整一個月，但歷史記載卻告訴我們「未引起更大混亂」，七十餘年過去了，我們仍難窺見相關紀錄，無以得知那一個月之中的真相全貌，澎湖檯面上的政治人物也都噤若寒蟬，公部門也沒有任何的紀念活動或翻閱歷史，但本作的出版將迫使政客難逃揭開真相的歷史責任，而我相信這也是作者的一種反抗。

「民主與自治」是這百年來台灣無止盡的追求，即使跨三代反抗也仍在前進，二二八不應該被矮化成「騷亂與鎮壓」，烈士更不應該被當成冤魂，恐懼不能戰勝希望，這一分反抗的精神正彰顯著「人」的主體性與存在的價值，所以我們永遠不能忘記陳澄波、丁窈窕、湯德章、吾雍・雅達烏猶卡那（高一生）、林茂生、潘木枝、雅巴斯勇・優路拿納（湯守仁）、余德仁、嘉義民兵、二七部隊（台灣民主聯軍）與趙文邦的故事，不能忘記他們犧牲自己，是希望承諾給後世子孫更好的未來。

台灣也好，澎湖也好，仍有著許多的不公義，但只要堅持為公義而反抗的精神尚存在，我們對美好未來就永遠能抱有希望。

3	1
4	2

▌1-4　趙文邦先生生前生活照

椿庭之光
仁風可敬
3

請喝七喜
汽水
美國萊姆
4

5

6

▌5 趙家全家福，中坐者為趙文邦之父，前排右二為趙文邦。

▌6 趙文邦與其長子趙守忠。

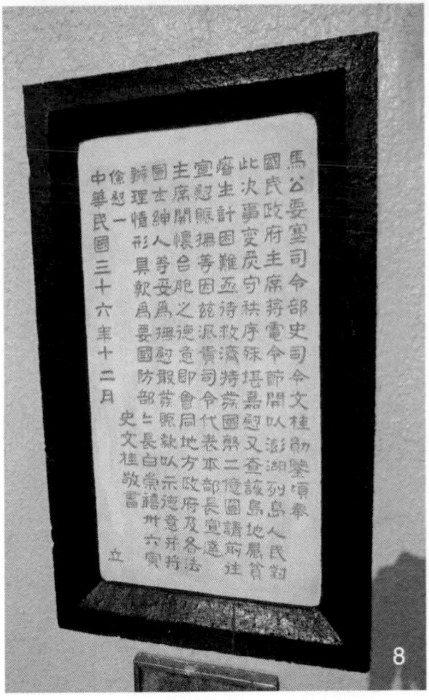

7
—
8

▍7　歷史文獻照片：澎湖神社拆除過程記錄。

▍8　西瀛勝境牌樓記述。

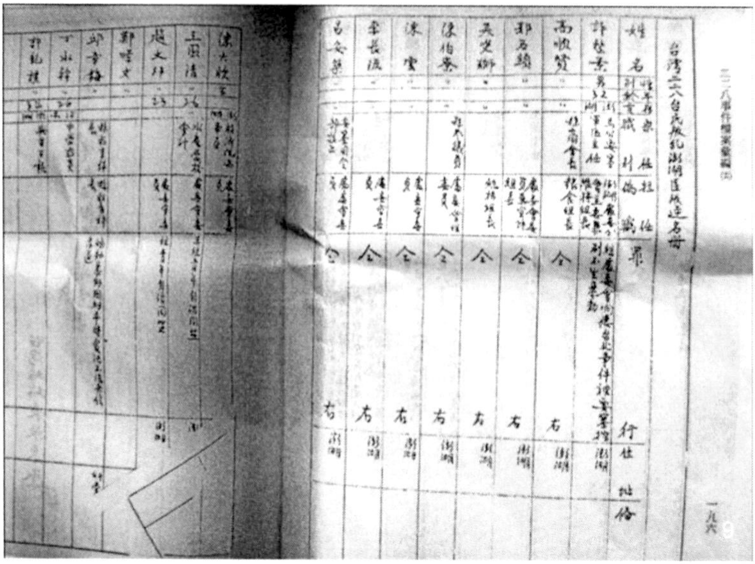

二二八事件檔案彙編（六）

台灣二二八台民叛亂澎湖區叛逆名冊

一九六

9

10

▌9 「二二八事件檔案彙編」〈台灣二二八台民叛亂澎湖區叛逆名冊〉，解密檔案。

▌10 建國戲院，是趙文邦先生與人合夥開設的電影院，曾為澎湖四大電影院之一。

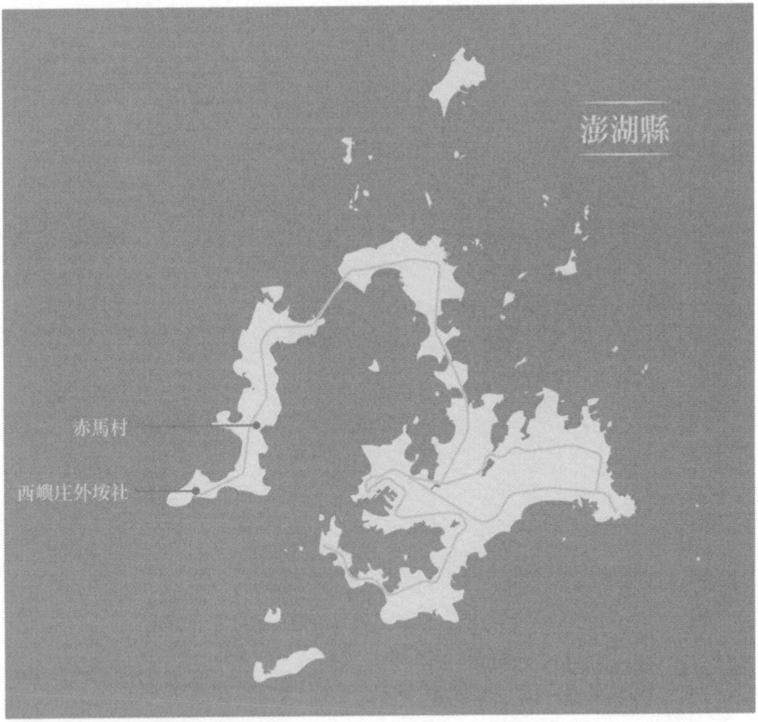

▌11　西瀛勝境事件重要地點

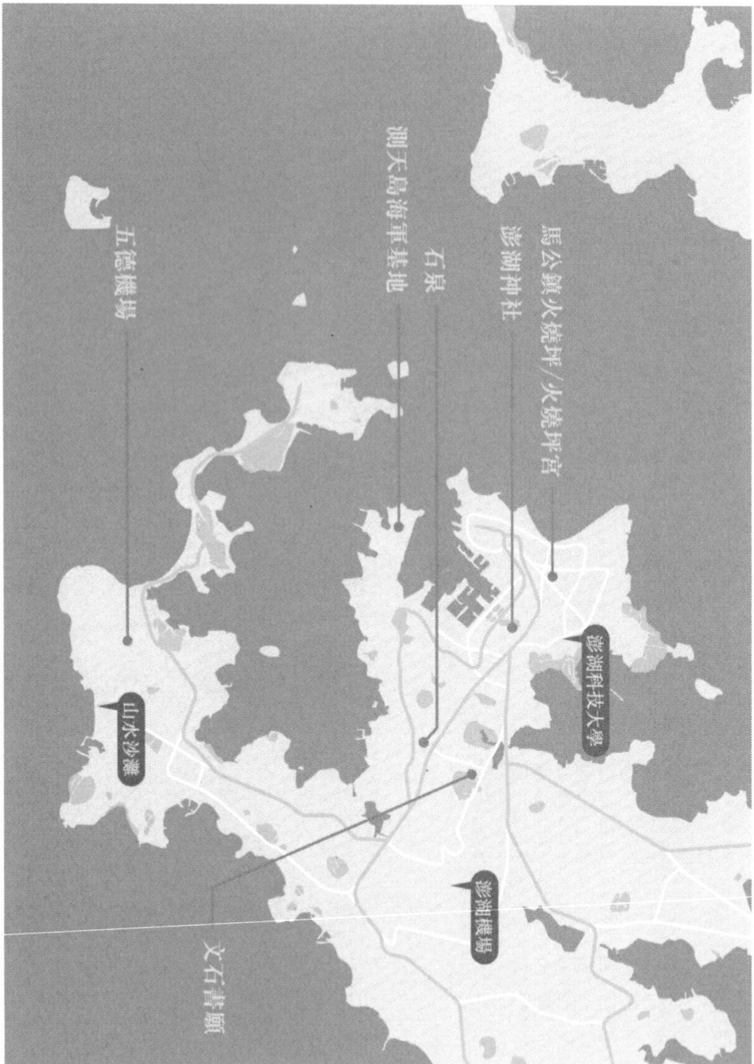

▌12-13　西瀛勝境事件重要地點　13 | 12

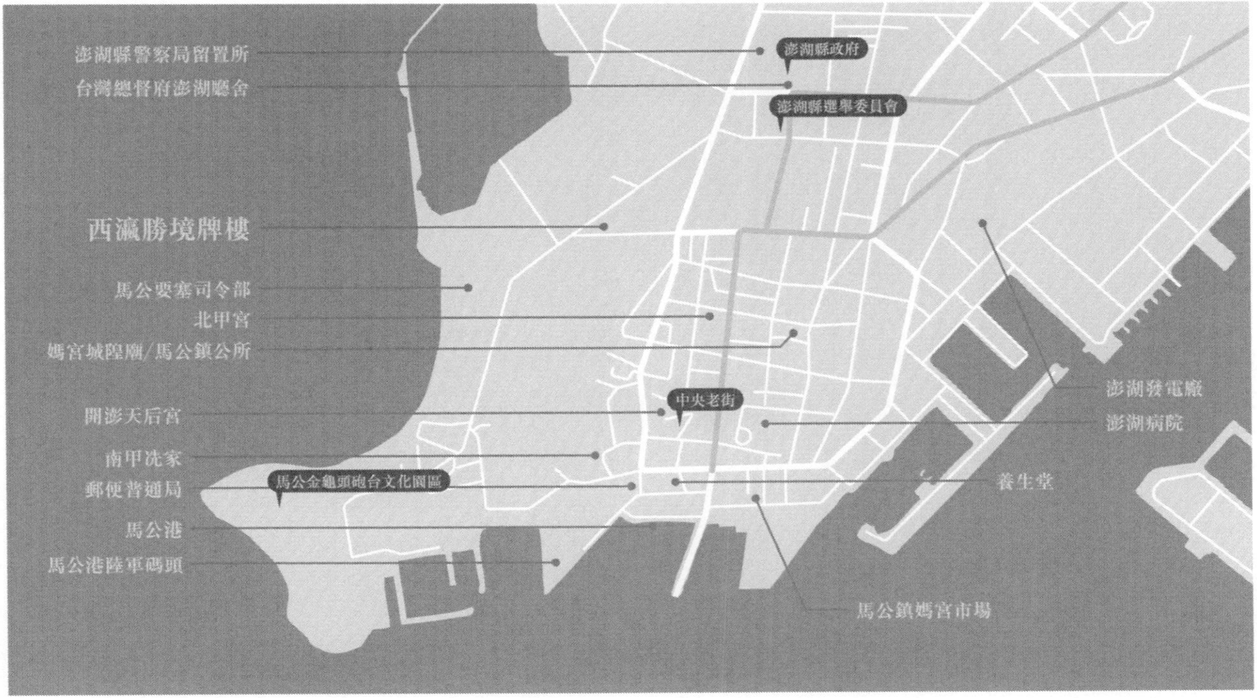
澎湖縣警察局留置所
台灣總督府澎湖廳舍
西瀛勝境牌樓
馬公要塞司令部
北甲宮
媽宮城隍廟/馬公鎮公所
開澎天后宮
南甲洗家
郵便普通局
馬公港
馬公港陸軍碼頭
澎湖縣政府
澎湖縣選舉委員會
中央老街
馬公金龜頭砲台文化園區
澎湖發電廠
澎湖病院
養生堂
馬公鎮媽宮市場

目次

楔子

稅金在頂上的夜空爆炸開來，點亮了財政困窘的窮縣。

人群年復一年湧入這裡，彷彿是島嶼上最大的祭典，來朝聖的人卻不曾記得，第一顆煙火升空是因為十幾年前的空難，那些哀痛就這樣被埋沒在震耳欲聾的煙火聲與吵雜的人聲中。

在等待煙火施放前，廣場上的人群以彩虹橋當背景輪流拍下照片，但吹拂過人群身旁的海風沒有誠實說出的是，這座彩虹橋不過只是一連串錯誤的總和，與人權無關；於是讓大法官釋憲結果與島上人們的人權信仰，產生了美麗的誤會。

土壤總是一層覆蓋過一層，清法戰爭的歷史碎片早已深入地底，多少場征戰只為奪下島嶼的控制權，如今全成了水泥建物的地基。

海風不誠實，大概是跟歷史學壞了，歷史總是在說謊。

就像立在那一身蒼白的「西瀛勝境」，有些導遊天花亂墜的說是「當年蔣委員長見澎湖風景秀麗而心生感動，才會立碑」；全然不知這個「勝境」不過也只是統治者自欺欺人的象徵，甚至可以說是歷史修正主義的極致。

這裡的歷史不是被遺忘，而是被抹煞，是連存在都被否認，好似把整個時代拉成真空，讓那些曾經慷慨激昂、滿腔熱血的人憑空消失……

那個全島起義的壯舉，在統治者眼中是多大的顏面損失，那股貫穿全島的怒火是治理失敗多麼直接的鐵證。

這也就難怪，熙來攘往的旅人不知道這裡曾經有過的腥風血雨。

難怪他們聽不出來，花火在空中綻放的聲音，就像當年的槍砲聲一樣。

序幕

01.

二〇〇七年三月四日，傍晚，南甲社區。

週日的傍晚對於青少年來說是難耐的，想到隔天要上課就直覺自己八成又要睡過頭，女朋友被家裡禁足、哥們又一個個都在補習，自己拿著籃球也覺得無聊，桌上那本《一九八四》看完後，決定騎車出門亂晃。

騎腳踏車穿過順承門迎戰上坡路，總有種快感；兩側樹蔭隨著古城牆綿延，清爽的涼風從身旁兩側流過，那間轉角的理髮廳據說是張雨生童年時代的回憶，每次導遊帶團至此開始介紹都讓我相當得意，「張雨生的童年回憶，也是我的唷」。

這裡是「金龍頭」，以前叫做金龜頭，自古就是媽宮城最重要的戰略要地，來自各地的征服者都在此地留下足跡，短暫的五分鐘腳踏車程像是快速瀏覽澎湖晚近開拓史一般，腦袋裡都會一次次反覆唱著周杰倫那首《霍元甲》裡面的詞：

小城裡，歲月流過去。

一轉眼，「毋忘在莒」的地標已在我身後，景致從古城綠蔭轉場到軍營包夾，從小聽長輩說我們就是生活在被軍營環繞的社區裡，這些畫面都是我成長歲月的記憶。

繼續往前騎去，一個拱門型的牌坊上頭寫著「西瀛勝境」，兩旁各有一個青天白日徽。我突然想到，誰想到在這蓋這玩意兒，太高的遊覽車跟貨車要是穿不過去豈不尷尬，這些疑問就這樣浮現在腦海。

「嘎——」

胡思亂想的代價，就是腳踏車「又」落鍊了。

明明沒有什麼不良駕駛習慣，我卻像命中注定剋腳踏車的人，時不時遇到故障、損耗，不然就是被偷。所以當下，我只覺得「習慣成自然」，悶哼幾句抱怨，就認命的下車牽行。

「鐵馬壞了就去找你大伯公！」這是阿嬤一再交代的，萬幸的是從牌坊牽車去大伯公家只要七、八分鐘，我也只能這樣安慰自己。此時最重要的，就是神不知鬼不覺得把車修好，請伯公幫忙保密，不要被阿嬤知道就免了晚餐還要被唸。

打好如意算盤，我就知道人算不如天算。

才牽個一分多鐘，經過公車總站前就看到提著一袋衣服的阿嬤出現在我面前，那一刻彷彿我們置身在劇場舞台上，只有兩人、毫無遮蔽。

「哲阿！阿你在這幹嘛？」，阿嬤的聲音穿過大路口進到我耳裡。

「阿嬤——！」不知道該怎麼回答阿嬤，反正先叫人就對了。

阿嬤看到我牽著腳踏車，一伸手就巴了我的後腦勺，連話都懶得說。

我就這樣被全世界最強大的女人一路押到大伯公家，整個路上就是重複著學校的狀況、生活習慣這些轟炸。

「稍早陳總統對台灣前途提出『四要一沒有』的宣示，以下是今天總統的談話：『台灣沒有左右路線問題，只有國家認同分歧與統獨問題……』……」，伯公家前的大樹隨風擺盪著，電視機裡大聲地播報著新聞，站在門外頭都聽得見。

「文邦阿！」阿嬤對著大門內吆喝。

「命待阿？」裡頭傳來伯公的聲音。

「來啦！」阿嬤也懶得說，只管叫伯公過來。

伯公一身吊嘎來應門，臉上掛著一如過往的微笑，他朝門外的我們望了一眼，就笑著問：「哲阿，車又擱落鍊喔？」

我大力點頭，忍不住笑了起來。

伯公總是笑咪咪的，又老是喜歡跟我開玩笑，環繞在他身邊的人永遠都掛著笑容，這種魅力猶如魔法一般，除了我阿嬤逮到我出包時例外。

「他喔，這個孩子，有夠讓人頭痛。」阿嬤做了抱怨的起手式。日常的小事倒還好，大概是因為這段時間學校髮禁祭出新的制裁手段，我出了鬼點子反制後家裡接到投訴，阿嬤怒火燒著就燒到這來。

「……還有最近啦，學校開始查學生有沒有剪頭髮，抓到不合格就要馬上剪，學校還請理髮師來治這些學生，剪完收五十元……」阿嬤邊講邊捏我的手臂：「……結果啦，我們這隻猴，故意跑去『自首』，說拜託學校幫忙剪，還說學校剪比外面便宜，竟然還打算揪同學一起去，根本在造反。」

沒想到，伯公不但沒有加入阿嬤的開罵行列，反而笑著說：「安捏金厚阿！」

他還傳來一個「男人懂男人」的眼神。

看到伯公這麼俏皮，阿嬤拿我也沒輒，丟一句要回家煮飯就讓我自己等車修好。伯公看到阿嬤已經走遠，笑笑的說「少年郎很勇敢喔」，還摸了摸我的頭。

他轉了轉踏板，確認鍊子已經咬合齒輪，就要我把車牽回去。

道過謝後，我跨上車向伯公道再見，他老人家揮了揮手，看著牆上的日曆在嘴中唸了句「已經一甲子了啊……」。我沒能會意，腦袋裡只有肚子餓的訊號，調頭就騎車回家去。

02.

二〇一五年十二月二十九日，上午，赤馬村一角。

「欽學長，內垵跟外垵昨天掃完了齁？」我探頭問駕駛座的宥輯。

「掃完了阿，難怪之前你們有人會一直說，外垵拜票真的是最好的體能訓練。」宥輯苦笑著跟我說。

清點背包裡的文宣與名片，在後座的我開始拉筋，一個大彎把背包裡的一條根藥膏甩了出來，我趕緊撿起放回背包內、拉起拉鍊。

「到了。」宥輯邊說，邊拉起手剎車。

「欽學長，我有說過我爺爺是赤馬人嗎？」我問。

「你講過一百遍了。」宥輯笑著答道。

過去五個月下來，拜票這件事已經成為我們的例行公事，每天睡醒到競選基地清點「裝備」，然後出發到目標的村里社區，走到每一位鄉親的身邊，開始介紹自己、爭取支持。距離開票只剩不到三週，我們展開最後的密集徒步拜票，打算把澎湖每一個村里再澈底走一遍。

「沒有椿腳，我們有雙腳」，我總是這樣跟競選團隊的夥伴們說。

迎接我們下車的是社區的「放送頭」，廣播告知村民們赤㘵桃殿前的賣菜車一個鐘頭後就會開走，提醒大家要買要快。這時我與宥輯對視一眼，便繞過莊嚴的西巖寺，朝著赤㘵桃殿前的廣場快步走去。

寧靜的社區隨著耆老們的聚集，有了些熱鬧。

「欸，為什麼叫赤馬阿？是因為信關公嗎？」宥輯湊到我耳後問。

其實不然，赤㘵桃殿拜的是王爺，我向宥輯說明道：「赤馬的名稱由來眾說紛紜，有說是元末在此駐紮的蒙古軍撤退不及便遇上明軍，為逃避追捕就放走所有馬匹，明軍選擇追緝走失的馬而非蒙古軍，後人便稱此地為『緝馬灣』；也有說法是因為用『緝仔網』補魚，或是因為過去此地軍馬聚集，總之是到國民政府來了之後才改稱為『赤馬』的。」

「少年欸，選立委喔？」一位耆老阿伯拍了我肩膀。

「對阿！阿伯，拜託支持，我阿公也是赤馬人欸！」我立刻回到候選人模式中。

「你阿公？阿咱赤馬又沒有姓冼欸，怎麼會是這裡人？」阿伯滿臉疑惑的問我，順手拉了我肩上彩帶端詳。

「我阿公姓趙，是入贅我阿嬤，所以我跟阿嬤姓阿！」我向阿伯解釋道。

「姓趙？安捏應該是喔！你阿公啥人阿？阿嬤哪裡人？」阿伯連珠砲的提問。

「我阿嬤南甲人，冼是南甲姓啦！阿我阿公是趙文孝！」我逐一說明。

「趙文孝喔？啊……他是不是有一個哥哥，叫做趙文邦？」阿伯邊想邊問。

「對阿，文邦是我伯公，文孝是我阿公，文邦是我阿公的大哥！」我怕阿伯誤會，所以放慢了語速。

「阿唷！」阿伯突然大呼了一聲：「文邦是你伯公喔!?」

「嘿阿！」我笑著。

「你跟我來！」阿伯拉起我的手，就往社區裡頭走去。

宥輯被這樣的熱情嚇到，還好很快就回神跟上我們的腳程。阿伯拉著我走進油畫般的社區，一旁的牛與古井襯著幾棟硓　石房，從小在南甲社區長大的我，在這一刻重新的認識自己爺爺的故鄉。

「欸，你來！」阿伯停在港邊矮房前，對裡頭吆喝。

「命待阿？」裡頭傳來一位阿婆的聲音。

「那個選立委的少年郎，是文邦的姪孫仔啦！」阿伯像是放送頭一樣廣播著。

「金欸喔？」阿婆走向門口，看著我們：「哇——咱赤馬有人出來選立委！」

「阿姨欸，拜託支持嘿！」我笑著懇託。

不知怎的，身邊突然圍上了數位耆老，宥輯趕緊從背包拿出文宣與名片，逐一發給鄉親，然後快步抽身到一旁拍起照片。

一連串的身家調查就此展開，我前後大概解釋了三回阿公阿嬤以及伯公與我的家族關係，對於一個非二代的政治工作者來說，這一刻可能是人生中向選民介紹家族最頻繁的時候。

沒多久，在耆老們的詢問與討論中，發現圍著我們的鄉親裡有幾位是我的遠親長輩，現場也就認起親來，聊下去才發現原來連赤馬村長都是我的堂伯父。不一會兒的功夫，鄉親人拉人的圍成更大的人群。

他們彼此間交談著、回想著與伯公一起發生過的人生故事。

「文邦阿，這個人，不簡單！」一位身穿吊嘎的阿伯豎起大拇指說。

「喔這文邦阿吼，那張喇叭嘴有夠厲害欸厲害！」拉我進社區的阿伯幫腔道。

「欸少年阿，你幾歲阿？看起來沒幾歲喔！」屋主阿婆拍了我的肩問。

我笑著說：「二十三歲阿！」

「台灣有史以來最年輕的立委候選人捏！」一旁的宥輯立刻幫喊著。

「二十三歲？」阿婆用著難以置信的表情自語。

「哈哈哈！同款阿！哈哈哈！」阿伯們大笑著。

突然之間，我們顯得有些狀況外，沒能跟上鄉親們的情緒，只能傻傻的跟著陪笑。

「我跟你說，你伯公是個英雄。」拉我入社區的阿伯對我說，那眼神的堅毅，成為我選舉記憶中難忘的片段。

03.

二〇一七年三月一日，傍晚，文石書願內。

立委選舉結束後的一年，頂著「立委落選人」的頭銜，人生旅程展開了新一階段的大冒險，輾轉一圈後回到故鄉，在馬公市的郊區開了間小小的二手書店。這一年間，轉型正義成為全國重點政治議題，但是在澎湖卻感覺不到進程。

風從窗台滲入房內，翻動了桌上的行事曆，彷彿才剛跨完年，怎料轉眼快過了三個月。這幾天，有些旅人選擇在連假來澎湖走走，讓我們的島提早「甦醒」，而隨著旅人收假歸去，島嶼又回復了往常的平靜。

等待著夥伴們集合吃晚餐的空檔，我窩在椅子上寫著要繳給編輯的專欄稿，心裡頭有些不悅。今年是「二二八」七十週年，這麼大的一件事，澎湖檯面上的政治人物卻都噤若寒蟬，公部門也沒有任何的紀念活動或翻閱歷史，真相對於澎湖人來說，仍就是一團謎。

從國小到現在歷史課一直是我最喜歡的科目，但課本能給我的遠遠不足我想追求的，尤其是「二二八」。身為出生在《動員戡亂時期臨時條款》廢止後一年的澎湖人，還沒哭響第一聲，台灣已經解嚴。小時候我一直不明白，台灣所有假日中，到底為什麼二二八要加上「和平紀念日」？為什麼要放假，總要有個理由；但當時身旁的人在當時沒辦法給我答案，或者不願意去碰觸這個會讓他們恐懼、憤怒的答案。

澎湖對於「二二八」的史料相當有限，我對「二二八」的認識，起初只知道是「西瀛勝境」牌樓碑文上記載的事，直到國三時才看懂這個位於家裡附近的建築，才知道原來當初興建，是地方各界會商用了最高當局「嘉勉澎湖縣未捲入二二八」所頒發一筆獎金的部分，來感念政府。總覺得好像哪裡怪怪的，但當時的我，沒能弄明白。

高中到大學的歲月裡，一有空檔就開始東挖西看，一九四七年台灣島烽火連天，但歷史課本告訴我們「澎湖未引起更大混亂」，我開始看懂了「西瀛勝境」牌坊，也因此感受到不平，似乎它標記著某一種性格，隱含著在面對不義與暴政時這裡的人民依然無力抵抗……

「是我們的人民甘願被欺負，還是比較好欺負？」我那時一直想不透。

但隨著越爬越多文獻，越查越多口述歷史，從許多台灣的紀實上總能在「附帶一提」之處看見一絲絲當時的澎湖：

當時的澎湖，島內糧食欠缺、嚴重不足，當台灣各地出現一波波抗暴行動時，澎湖島要塞司令部加強了駐軍防備，島上的仕紳們為保民，只能盡力協調，這才讓史書上澎湖能被註記「未引起更大混亂、未捲入」。

後來才讀到，一九四七年四月十四日至五月十五日，國民政府在澎湖展開「清鄉」，整整一個月；但至今，仍然很難窺見相關的紀錄，無以得知那一個月是什麼樣的澎湖。

稿子寫到一個段落，我闔起了電腦，點了支菸給自己。

「學長，寫完了喔？」在沙發上滑著手機的國珍問。

「還沒，只是寫到一個段落。」我有些有氣無力。

「怎麼了嗎？」國珍察覺到我的心事。

「思緒有點亂啦，一方面是不爽縣政府處理二二八的態度，一方面是老毛病覺得寫作寫到像機器。」我嘆著氣。

國珍沒有回話，只是坐起身來打開我的筆電，讀起我的文章。身旁的兩隻貓追逐著彼此，逗趣的畫面緩和了不少我的負面情緒。

「很基本的套路阿，介紹地方狀況，然後批評政策，但……」國珍闔起電腦，盯著我看：「你覺得沒寫到想寫的，對吧？」

我點了點頭，把手上的菸捻熄。

「我滑一下臉書好了。」我邊拿起手機邊說。

臉書的河道這幾天的分布大致是這樣，少數臉書好友「慶祝二二八連假」，還有人寫「二二八快樂」，然後多數的臉友不是在書寫自己看待二二八的想法，就是在批評那些對二二八毫無知悉甚至歡慶的人。

這南轅北轍的認知就這樣真實的存在於台灣社會，也透過臉書投射進我腦海。

就在這一片「二二八」洗版上，我看見堂伯父幾年前的動態被翻出來，上頭是一張翻拍的照片，拍的是一份文件的表格，我點進去一看，這照片竟是《台灣二二八台民叛亂澎湖區叛逆名冊》，那一個個登錄在裡頭的名字在當年都因此被關過。

我想起訪問耆老的過程中，聽他們講古時提到，那時所有組織都被當成叛亂嫌疑犯，國民政府打算「全部殲滅」。

仔細一看上頭登錄的名字，我才看到一個眼熟的名字……

「**趙文邦**」。

我親愛的大伯公「趙文邦」，在二十三歲那年，因為「組青年自治同盟」被登記入罪，當時的他是「二二八處理委員會的委員」。

那一刻，所有的回憶開始迴旋，我才驚覺原來「二二八」離我這麼、這麼的近，那些赤馬村耆老所說的、當下沒能會意過來的，現在全明白了。

我立刻打開電腦，敲了訊息給工作夥伴，要大家自己解決晚餐，然後一頭栽進翻找資料的旅程，就這樣一口氣到寫完專欄稿〈烈士英靈，毋通忘記〉直接寄給編輯，回過神來才發現時間已是晚上九點。

國珍在我再一次闔上電腦後，沒有多過問什麼，一切他都了然於心，只是笑笑地問我吃宵夜的事。我略帶歉意的問國珍，要不要他來決定吃什麼然後我來請客，他開心的對我點頭。

上了車，我沉默了一會兒，把腦子裡的想法理了一個頭緒。

「欸國珍啊，我想把下半年的時間空出來，寫下伯公的故事。」我握著方向盤，側著頭說。

「可是學長，會不會卡到你要準備明年度的工作？」國珍問。

「時間不衝突，我想好好的來寫。」我說。

「那你書名有想好要叫什麼嗎？」他問。

「嗯……」我思考了片刻。

「就叫《西瀛勝境》吧。」我說。

本作取材自多位耆老提供的口述歷史，由於時隔多年，而世界大戰與白色恐怖皆是充滿創傷的記憶，故事中無可避免可能與歷史事實有細微出入；另一方面，為求保護當事人免於二度傷害及劇情考量，本作有將小部分的時間順序調整、些許故事的內容修飾、幾位重要的角色易名，以上還請讀者海涵。

Ch.1帝國的南方鎖鑰

01.

一九四二年三月十三日，台灣總督府澎湖病院。

戰爭有多激烈，看病院裡頭工作的節奏就能知道。

「文邦啊！你也來了喔？」王贊乙繞過余臺的病床，對著趙文邦揮手。

「喔！原來大家都來了！」趙文邦逐一的跟來探視的人打過招呼，然後望向躺在病床上的余臺大嘆道：「唉唷，阿臺兄欸，怎麼摔成這樣？」

趙文邦的嗓門，在澎湖山，是出了名的大。

被驚著的盧鑫，一臉不好意思地說：「是我的不好，今天剛到貴賓館的工地，還有很多沒弄清楚的……阿臺為了幫我，失神摔傷，沒想到這麼嚴重。」

「你吼！」余臺作勢要敲盧鑫的腦門，大家哄堂而笑。

盧鑫偶爾會犯蠢，多數是無傷大雅的，這回誤了余臺算是比較嚴重。不過余臺生性豪爽，也笑著說多虧盧鑫放了自己幾天假。

「貴賓館何時會蓋好阿？」趙文邦問著。

「這可能還要一年喔，進入戰時體制也五年了，沒人知道戰爭會打多久。」一旁的嚴政人皺著眉，邊嘆氣邊答道：「所以……川添任內要完成，大概無望了。」

「川添修平先生要調走了？」王贊乙有些疑惑的問。

「最多再當半年吧，說不定會調回內地。」嚴政人聳了聳肩。

靠在窗台旁的林池，默默的點了點頭。

不遠處傳來熱鬧的人聲，聽聞騷動的王贊乙立刻竄到走廊瞄望，只見他轉身回過頭時說了聲「大人來了」。不一會，西村元太郎便帶著植山太郎警部一起現身在余臺的病房裡，手裡還帶著紅豆湯。

一群年輕人紛紛露出羨慕的眼神，卻也不敢造次。

「大人啊，還勞煩您跑一趟來，」見警部到來，有些驚喜的余臺費力地試著坐起身來打招呼，但立刻被西村元太郎伸手給制止。

「養好傷，這湯是給你的，」西村元太郎笑著說：「知事吩咐我的。」

「很會做人喔。」一旁的嚴政人竊笑著碎嘴，馬上被植山警部白了眼。

「對了，防空壕和機槍堡你們都得要再去補強，中華民國跟蘇聯隨時都有可能來空襲、掃射，唉呀……四年之前，台北松山那，可被他們給炸了一大片去。」不多回應嚴政人的植山太郎，細細地叮囑著年輕人們。

「去年底我國襲了珍珠灣，現在米國也參戰了，」西村元太郎板起臉孔來，嚴肅的說著：「你們可都是街庄警防團的骨幹，馬公街這邊的海岸要多留意往來的飛機、船艦，有什麼異狀就要通報。」

「大人，我們知了。」陳順發點著頭答道。

「還有一件事，辦公廳裡在討論，關於知事正在籌辦設立廳立馬公高等女學校一事，這……如果有成事，到時候記得讓典禮熱鬧一點。」植山太郎拍了拍趙文邦的肩，望著他說。

「那麼，我們先回支廳了，告辭。」西村元太郎向眾人點了點頭，與植山太郎一同離去。

看著兩位警察大人的離去，趙文邦瞄了瞄錶便向大家揮手說道：「我要先回郵便局了。」

「欸？這不是文邦家的嗎？」王贊乙拿起西村元警視送來的紅豆湯，端詳了一番。

「是啊，好物件都在他家，人生的英俊，體格又好，當個郵票售票員有點可惜，」王贊乙深厚的陳天生，突然打破沉默地說：「文邦這個人就是俄羅兵、德國槍！」

眾人紛紛點頭笑著。

02.

一九四二年五月，馬公街養生堂。

養生堂的格局與構造是標準的牌樓厝，當時因應市街改正，整棟房子都翻修了起來，拜店主人為地方顯赫人士之利，來施做的幾乎都是全澎湖山最一流的工匠，尤其山頭及女兒牆布滿豐富複雜的泥雕圖案更讓鄰居稱羨不已。

父親從西嶼庄來馬公街作生意轉眼也好幾年了，趙文邦心想。

緝馬灣人家來到馬公街，生意還能做到擠下十八大行，憑藉著做內地生意，從富裕人家會買的產品到市井小民日常的小奢侈品紅豆湯都有賣，配給軍隊時間久了還成了軍方指定店，連加水服務都包了下來，養生堂的名號傳播範圍幾乎等同了趙家影響力的展現。

目送兩位買完副食品的軍官，下了班的趙文邦幫著父親盤點著跟吉貝島源平先生進的貨物，牛奶餅、進口餅、紅蔥、麵粉、巧克力，還順手拎幾顆森永牛奶糖塞進嘴裡。

下了課的弟弟喜孜孜的對著趙文邦說：「哥，今天教體育的先生跟我說，拿第一名的話啊，帝國就會給我黃金呢，跟我身高一樣高欸！」

趙文邦對著弟弟笑了笑，搔著他的頭說：「秀雄啊，要記得先生講過，做人老實認真就好，以後不怕沒頭路。」

「兄弟倆都去洗個澡，也帶信隆……呼……呼……」灶腳傳來母親的聲音。

「娘！」趙文邦見母親似乎氣喘又發作，擔心地趕緊上前去看。

母親揮了揮手，示意兩兄弟各自做自個的事。

讓大弟擱下一手的東西後，趙文邦拉著二弟的手帶他一起去洗澡，遇見正在清點保險金庫的父親，兄弟倆恭敬的向父親打過招呼。

「文邦啊，我開了60日的信用狀，你明天拿去銀行給行長蓋章背書，然後送去給源平先生。」父親對著正在更換衣服的趙文邦說。

「好！」文邦精神抖擻地答道。

不一會兒，一家人圍坐在飯桌上，趙信隆一時興起拿筷子敲了敲趙文邦的碗，隨即挨了祖父一頓罵。全家人都看得出來，祖父對於趙文邦這個長孫的偏疼寵愛，有時候父親想管管他，卻因為仗著祖父撐腰，趙文邦總是過的逍遙自在，幾個弟弟在祖父面前甚至還摸不得這個祖父的金孫。

「頭髮記得去做一做，過兩天李家要嫁女兒了。」父親對著母親說。

母親點了點頭。

「父親，我們要是有個妹妹該有多好……」趙秀雄笑著接話，卻察覺到長輩們似乎隱隱約約面有難色。

「多嘴！」祖父飆罵了句，氣憤地扔下了手中的碗筷，離開飯桌。

「不要說這個了，阿公把爸爸的女兒都送出去了，以後在大人面前不要講這個。」趙文邦湊在趙秀雄耳邊說。

「嗯……我其實在想，該把女兒討回來了，」父親緩緩開口，讓大家都十分意外。

他靜默了片刻，才接著說：「以前咱們窮，阿爸才把咱三個女兒都送人了，第四個還沒能活下來，現在生意做得不錯，該想想接回咱們的女兒了。」

母親再度點了點頭，眼眶含著淚卻不敢哭出聲。

03.

一九四二年八月，澎湖知事交接典禮。

「文邦啊，要送川添大人的明星花露水拿過來。」父親對屋內喚著大兒子。

身為馬公街十八大行之首，趙家在知事交接典禮上一字排開的坐在第二排；「位置」一直都是政治與商業領域上至關重要的標的，位置代表著身分、決定著影響力，位置不只是象徵的功能，更有著許多實質的功用。

趙文邦陪在父親身旁，向即將卸任的知事川添修平先生贈上臨別之禮，見到一盒的明星花露水，川添修平難掩笑容，雖然出身內地，但來自中國上海的香水不但裝載著美麗夢想與芬芳，也讓川添一家十分愛用。

當典禮開始時，川添修平先向趙家人點頭致意，隨後上了台，對來到典禮的澎湖各界仕紳發表惜別談話。

「吾人被敘高等官七等，內心並無一絲喜悅，即將啟程接下興亞院的工作，感謝總理大臣給予吾人此一重任，同時，也向澎湖各界仕紳、廳內所有職員深深感謝，儘管吾人僅有約十四月的任職時間，對於澎湖也深有感情，盼望眾在大田知事領導下，堅實『帝國的南方鎖鑰』，繼續不負補給、防禦的重責大任。」

司儀在川添修平的惜別談話結束後，向參與典禮的觀眾介紹了新科的澎湖知事——大田政作先生——這位同樣出身於離島、來自琉球的先生是法界人士，曾在長崎跟那霸地方法院擔任過審判官，也在台北地方法院擔任過檢察官，過去亦擔任琉球主席五年之久，顯見對於島嶼治理十分嫻熟。

大田政作會是個什麼樣的人，其個性、做事方式、偏好等等眉角，不但受澎湖各界關注，對十八大行的老闆們來說更是不可不知的情報。

大田政作知事隨後登台發表了就任談話，談話之初提及日本帝國在澎湖所完成的建設，感謝來澎經營各種商業的內地商家以及在澎湖水產會、公共汽車、自來水廠、各國民學校所投入服務的人員提升民生基礎，接著表揚街庄警防團在空防、民防的業務上盡心盡力。

其後，大田政作知事提及了五年前先後完成彌榮、萬歲橋的改建，讓島嶼內部運輸更有效率；也提到台灣電力株式會社澎湖支店現供電馬公、紅木埕、大案山及測天島至文澳附近，讓軍民皆有電用，向發電廠職員表達敬意。對於教育事業，大田特別強調，會接續推動設立馬公高等女學校的最後事宜，也邀請仕紳參加開校典禮。

談話的最後，大田知事則是強調將會加強對於埔仔尾公娼街的管理，也將督促廳內婦人醫院對於公娼定期檢查相關業務，包括茶室、撞球、洗衣店、理髮廳、酒家、咖啡館、料亭及雜貨店等，未來也都會多加管控；同時要求澎湖廳統後聯盟加強業務作業，並指是未來要多舉行防空演習，以因應米國持續的轟炸、掃射攻擊。

典禮隨著大田政作知事就任談話結束後閉幕。

新科的知事在台下逐一向仕紳打招呼，趙家與十八大行的商家都被邀請去知事官舍，考量到場合的慎重，父親交代趙秀雄帶小兒子信隆隨祖父回到家中，要趙文邦扶著大腹便便的母親一同前去官舍。

步行的途中，趙文邦看著周遭的景緻，忍不住湊在母親的耳邊小聲地問：「阿母，這裡以前不是叫鬼仔山處嗎？怎麼會把官舍蓋在這裡？」

母親笑著對趙文邦說：「唉唷，那是好久以前的說法了，官舍就跟辦公廳一起蓋在這一帶啊。」

不一會兒，十八大行的各家魚貫穿過洋式庭園，映入眼簾的是諾大的和洋折衷式建築，屋面鋪著日式文化瓦，趙文邦環看著四周圍繞的高牆，從外頭走入內時他注意到有一側較低的外圍牆是用貓公石砌成的。

「文邦啊，你看這個窗子好漂亮喔！」母親拉著大兒子趙文邦的手，指向客廳的歐式八角窗細語道。

幾位僕人引導著各家入內，輕聲細語的提醒來者待客室不需脫鞋。

大田知事坐上了主位，溫文儒雅地逐一向每一家打過招呼。

04.

一九四二年十月，**郵便普通局**。

隨著戰事的持續，澎湖與台灣島及內地來往的書信量也日益增大，擔任郵票售票員的趙文邦因為善於交際又熱心，在這結識了許許多多的朋友。

正當趙文邦送一位寄完信的官員到門邊時，恰巧看見穿著一身整齊制服的西村元太郎帶著植山太郎警部朝他走來。

「兩位大人也來寄信啊？」趙文邦笑著對二人說。

西村元太郎搖了搖頭，植山太郎警部隨後對著趙文邦說道：「今天是來找你幫忙的。」

「喔？我可以幫什麼忙？」趙文邦有些好奇。

「大田知事交代我們，說貴賓館的工程要加緊腳步，想到要找人，就該來問你，你身邊那麼多少年仔。」西村元解釋道。

「咦？贊乙、阿臺兄、鑫仔跟政人哥我都介紹去了，他們有狀況嗎？」趙文邦有些擔心。

「他們都好，是因為想趕工，所以想問問還有沒有少年仔。」植山警部補充道。

「我可以去問問天生仔，在發電廠負責重油的那位，之前有聽他說過想休息一下，或許可以幫忙找人。」趙文邦點頭說道。

「大田知事是希望貴賓館可以在這個月舉辦上棟祭，最好明年開春就能竣工落成。」西村元說：「畢竟如果皇族或是軍政高級官員到澎湖視察，總要有個像樣的招待所。」

「有人能過來的話，請他們去工事監督黃得永或宏志土木承包組合許令咸那裡報到。」植山警部提醒著：「還有啊，我有聽說蓋防空壕跟修復也都缺人，不管是搬材料、做土水的，有人願意的話也跟我們說一聲。」

趙文邦點了點頭，兩位警察大人也向他點頭致意，隨後離去。

直到下了班，正巧林池、陳天生、賴忠郜跟王邁華四人來到養生堂，文邦向他們說起了下午西村元太郎及植山太郎警部所提之事，一行人知悉後便各自去通知，不出幾天便把事情給辦妥，人都找齊了。

05.

一九四二年十二月二十四日，馬公街養生堂。

自從明治天皇推行西化後，耶誕節漸漸也成為大日本帝國的一個節日。

這一天對趙家來說，是特別的日子，趙文邦的弟弟趙文孝出生了。舉家都忙著迎接新成員的到來，平時嚴肅的父親也露出了可愛迷人的笑容，秀雄、信隆也帶著文德幫忙張羅家中的大事。

臺灣銀行澎湖島支店的行長，一如過往每年，在平安夜前來送禮給趙家。

「賀喜賀喜，好事成雙。」行長提著禮品，向趙文邦的父親道賀。

「真不好意思，家裡忙亂成這樣，沒能好好招呼您。」父親向行長鞠躬致謝。

「別這樣說，不打擾您們了，恭喜恭喜。」行長微笑離去。

趙文邦見行長離去，踏步上前接過父親手中的禮品，讓父親可以空下雙手，享受這一刻的美好。

「文邦啊，過幾日，我們回緝馬灣老家一趟，你要燒香跟祖先說，我們趙家又多了個男丁。」父親交代著：「這兩天先把店裡頭的一些點心分裝幾袋，送給街坊鄰居，還有來看望你母親的親戚朋友。」

「好。」趙文邦對父親點了點頭。

06.

一九四三年三月三十一日，馬公街南町一區某餐館內。

這夜晚十分熱鬧，在廳立馬公高等女學校即將舉辦開校大典的前夕，趙文邦與一幫哥們替開校大典張羅了不少的活動，經歷了長時間的準備後，他決定宴請一些長官、女學校的教職員以及協助他籌辦活動的劉出民、林池、陳國刓、盧鑫、佘臺、呂登勛、陳順發、陳天生等人。

距離宴席開始前一刻鐘，橋本市郎校長帶了多位教職員一同抵達，趙文邦立刻熱情接待，也介紹在場的人彼此認識。

橋本市郎校長逐一介紹著教職員，木佐紀久、井上寛六郎兩位教諭，伊達碩太、西清兩位書記，中尾敏治囑託，也替無法到來的前川、吉田兩位囑託向在場與會者致歉。

「長官，這幾位都是一直協助我籌劃活動的兄弟，我也來為您介紹。」趙文邦笑著對橋本市郎校長說。

橋本市郎校長向與會者一一致謝，特別刻意高聲讚揚趙文邦，穿針引線的為隔天的開校大典做足準備。

眾人歡喜暢飲，相互舉杯致意，這一刻彷彿世界的大戰稍稍暫停，在世間陷入戰火綿延的時代，能夠成功興辦學校，見證教育事業的前進，對所有人來說無疑是象徵著世間依然存在著希望，著實振奮人心。

酒過三巡後，橋本市郎校長表示隔日有要事不宜放縱，於是帶領教職員先行離去，留下趙文邦一行人。

見日本人離去後，眾人各自成團地自在閒聊起來，劉出民拉著盧鑫、余臺、陳順發大談自己日前假冒日商溜去沁樂園的風流事，林池則同陳天生討論起日後想去高雄發展的想法。

「我對交通事業還是很有興趣，想再讀點書、做點研究。」林池搔著頭說。

陳天生邊點著頭邊搭上趙文邦的肩說道：「感謝文邦兄的幫忙，在我離開發電廠後給我暫時安頓了工作，我聽說高雄有煉油廠缺工人，打算過些日子去看看。」

趙文邦揮了揮手，笑說一切沒什麼。

喝得有些醉的陳國刓不知道發什麼神經，突然扯開嗓門大聲嚷嚷，質問在場每個人：「你是日本人還是中國人？」

眾人眼神紛紛迴避，不願與之交集。

見大家沒有反應，陳國刓好死不死一把抓住了眼前性格火爆的呂登勛，揪著他的領子反覆的問：「你是日本人還是中國人？」

正當呂登勛準備揮拳打人時，趙文邦站起身來，拉開了兩人。

「文邦你說！你是日本人還是中國人？」陳國刓追問著擋在自己面前的趙文邦。

「都不是，我是澎湖人，我是台灣人。」趙文邦堅定的回答著。

「如果上戰場，你打中國人還是打日本人？」陳國刓依然死纏爛打。

「誰打澎湖人、誰打台灣人，我就打誰。」趙文邦語落，眾人紛紛歡呼。

覺得自討沒趣的陳國刓於是奪門而出，搖搖晃晃的自個走離去，經過一番吵鬧後眾人也無心再聚，索性各自整理一番便也回家去。

07.

一九四三年五月，澎湖神社。

神社就在文澳沿海這一帶，蟬鳴聲總是提醒著島民盛夏已至。

每年入夏後，父親都會帶著趙家一家大小到神社參拜，倒不是因為信仰或欲求什麼，而是藉著參拜的同時與地方仕紳們交流。對比父親的生意考量，母親則相對虔誠，總是向神明祈求保佑一家大小平安健康，也盼望能讓養生堂的生意長保興隆。

在父親忙於交際時，母親帶著趙家的孩子們參拜著神明。

第一次來到神社的趙信隆顯得充滿好奇，他在母親的身邊，小小聲地問著參拜的神明是誰，母親於是說起開拓三神的國家神話，還有北白川宮能久親王的故事。

「我願意拜大國魂命、大己貴命與少彥名命，但不會拜能久親王。」趙文邦在嘴邊碎念著。

「哥，為什麼不拜能久親王？」趙秀雄有些不解地問。

趙文邦搖了搖頭說：「對於我們的土地來說，能久親王也是侵略者，乙未戰爭的時候他帶近衛師團打台灣，最後是被台灣義軍伏擊戰死。」

「哥哥很討厭日本人嗎？」趙秀雄追問著，思考著平常兄長明明善於與日人打交道，總覺得有些矛盾。

「我討厭倚強欺弱的人，我討厭所有欺負澎湖人、有意傷害台灣人的人。」趙文邦答道。

兄弟倆的對話隨著父親走向他們而中止，與父親談話的是一身軍服的長官，趙文邦從他們的言談中聽見米國軍反攻南洋的事，得知近來常見米國偵察機飛來台灣，似乎在為了轟炸台灣做準備。

「人家緬甸跟泰國是一國全僧，咱日本是一國皆兵。」趙文邦依稀聽見與父親交談的長輩離去前這樣說著。

突然之間，一位神情緊張的日本青年輕拍了趙文邦的肩，怯生生地、相當不好意思的問：「打擾了，我是來自琉球的國分，我今天要去特別根據地隊報到，但我有點迷路了。」

「特別根據地隊？」趙文邦有些不解，索性將心中的疑問說出：「是海軍測天島馬公要港司令部嗎？」

「以前是，」國分解釋著：「上個月已經改編為高雄警備府的特別根據地隊了。」

「啊？海軍移走了？」趙文邦聽聞國分的說法，相當震驚。

「沒有移走啦，」國分急忙揮著手解釋：「只是台灣方面的海軍指揮中心移到左營那邊去了。」

趙文邦點了點頭。

「我是要報到軍曹的職務，」國分見趙文邦先前有些疑問，擔心被懷疑。

「不打緊啦，你說你迷路了是嗎？」趙文邦問著國分：「如果是在測天島那邊，我可以帶你去。」

國分頻頻向趙文邦鞠躬致謝，向父母說明過後，趙文邦便帶著國分踏出神社，向測天島步行而去。

「方才很不好意思，實在是……很擔心，」國分說的有些結巴：「就怕……剛好遇到討厭日本人的。」

「放心吧！」趙文邦拍了拍他的肩，笑著說：「而且你是琉球人啊。」

「真感謝您，很多人都分不出來琉球跟日本內地的差別，唉……」國分有些感嘆：「其實我可以懂你們台灣人的心情，薩摩藩打進琉球一直到琉球變成日本的內藩，我們也失去了自己的靈魂……」

國分這番話，說到了趙文邦的心裡去。

「我們都在打一場其實不是我們，卻又深深關於我們的仗。」國分幽幽然地說。

「呵呵呵，」趙文邦突然笑了起來：「那時候李經方要把台灣跟澎湖割給日本，怕到不敢上岸辦交割，嘴上說自己怕台灣人兇悍，我看他自己也知道這樣做有多出賣台灣人吧。」

「其實我會投入軍隊，也是希望能保全我的族人，琉球跟日本綁成命運共同體，就算這不是我們的戰爭，也注定要牽連、波及到我們。」國分嘆了口氣：「只希望戰爭可以早點結束。」

「是啊，戰爭趕快結束吧，大家都想好好生活。」趙文邦也跟著嘆了口氣：「我也是一心只想保全澎湖人。」

「只是米國在夏威夷作戰之後，攻勢越來越猛烈，我聽說也對台灣有好幾次空襲……」國分搖了搖頭說。

「澎湖也是啊，不只米國，中華民國跟蘇聯也都是我們的威脅，」趙文邦雙手推過兩側臉頰：「真的像您說的一樣，現在就是在打一場其實不屬於我們，卻又深深關於我們的仗。」

兩人邊說邊走近了測天島外圍，趙文邦向國分概略的介紹了週邊的狀況，因為測天島這些年在戰略上幾乎肩負日本海軍指揮的重任，這一帶週圍幾乎都是日本裔青壯軍人還有日籍家庭及教師，整個以前的小案山都快成了日本社區。

由於戰事的延燒與加劇，儘管指揮中心從測天島遷往左營，這一帶依然留有重兵把守，由司令部下轄港務部、工作部、軍需部、醫院、防備隊、通信隊等單位，加上監獄、修理工廠，規模相當龐大。

「我來到澎湖之前就有聽說，宇治、大井、北上、五十鈴、嵯峨這些重要的軍艦都在這駐紮過，」走到接近大門口時，國分讚嘆的說：「如今我也要成為其中的一份子了。」

「如果有閒暇時間，可以來馬公街的養生堂找我，我可以帶您去看看漁翁島、白沙島，希望讓您奉獻青春的澎湖也可以成為您的第二故鄉。」趙文邦笑著向國分伸手。

在握手準備別離之際，國分傻愣了一笑才說：「抱歉抱歉，跟您聊了一整路，還不知道怎麼稱呼？」

「我叫文邦，趙文邦。」趙文邦笑著說。

「趙文邦兄啊，請容許我再冒昧說一句，考慮一下加入台灣軍吧！」國分收斂起笑容，認真地說：「現在台灣跟朝鮮都施行海軍特別志願兵制度了，保衛家園不能只是想法，需要行動！」

趙文邦被這突來的邀約驚喜了一番，從未有人這樣邀請過，正當他還在思索該如何回應時，正好有三位年輕人也走向了他們，顯然也是要到特別根據地隊報到的。

莊齡、西島弘明、蘭文章三人很快便與國分熱絡起來，四人決定一同入內完成報到手續，索性在大門口與趙文邦別過。

08.

一九四三年六月十日，測天島海軍志願兵訓練所外側。

「文邦啊……」母親拉著趙文邦的手，欲言又止。

「母親，請不要再擔心了，您要好好照顧父親，」趙文邦緊握著母親的手，深深嘆了口氣：「希望有一天他能諒解，我參軍是為了澎湖，不是為了日本人。」

「他怎麼會不知道？你這傻孩子，」母親再也忍不住，拍了趙文邦的腦門：「他嘴上說的都不是理由，他是害怕你真正去打仗，你是趙家的長子，弟弟們都小，你是他的寄望啊。」

「母親，如果家園失去了，我們的家也就沒有立足之地了，」趙文邦向母親深深鞠躬：「請相信我，是為了保護您們，才決定加入海軍特別志願兵的。」

「我講不過你……唉唷，上個月你送申請書的時候，叫你不要去接受身體檢查你也不聽……想說考國語、國史、算數這些學力測驗應該你就會放棄……」母親搖了搖頭：「後來口試的時候想說你個性這麼九怪，應該長官大人們就會覺得你思想、態度不合格…偏偏你居然都通過了…」

「您放心，這九個月有空閒我會寫信，有放假我會回家，」趙文邦擁抱著母親：「不要擔心我。」

趙文邦鬆開手後，拎起行李直往海軍志願兵訓練所報到處走去，母親轉過身後，忍不住淚落，趕緊快步上拉車，直往趙家回去。

完成報到後的趙文邦，帶著剛領到的軍發品，與同期的海軍志願兵訓練生徒一起被帶到司令台集合。台上的高木武雄中將正將馬公警備府司令長官一職交接給山縣正鄉中將，走馬上任的山縣正鄉司令長官，隨即向新報到的海軍志願兵訓練生徒精神訓話。

「接下來半年，你們將接受基本軍事訓練，

通過合格後的人需要再受一季海軍專業訓練，然後分發，

這段時間已經有不少人加入陸軍志願兵，

現在也要充實海軍力量，

澎湖是進入華南的前進基地，

你們在數萬人中被選中，是國家未來的骨幹，

未來可能在菲律賓、新加坡、台灣島甚至帝國內地，

可能在前線也可能投入島防衛工作、支援特攻作戰的後勤工作，

讓我大日本帝國的太陽旗威震大洋。」

山縣正鄉司令長官語畢，隨即讓下屬將訓練生徒帶開準備訓練。

接下來的三個月裡，趙文邦與同期的海軍志願兵訓練生徒接受了紮實的軍事訓練，從徒手訓練到拿槍作戰，平日也有木刀與小刀搏擊的教學，因為訓練過程中表現優異，趙文邦很快被長官賞識、指定為訓練生徒裡的幹部，這讓趙文邦擁有更多一些自由時間可以與家中保持聯繫。

雖然父親嘴上說著氣，養生堂偶爾卻會以勞軍的名義，從街市送點心到營區招待士兵與軍官，而清一色都是趙文邦平時在家愛吃的；然而，參軍後的趙文邦，第一次見到父親仍是在放假的期間，父子都有默契不逾矩。

第一次的季休三天長假，趙文邦回到了家中，瞥見養生堂的家宅門上貼上了「榮譽之家」的字樣，會心一笑。

「父親、母親，我回來了，」穿著一身軍服的趙文邦向父母問安：「近日一切安好嗎？」

「哥哥！」趙秀雄見到久別的兄長，一把上前抱住。

弟弟們隨著趙秀雄，圍繞在趙文邦的身邊，與母親擁抱後，便隨母親去看九個月大的小弟，趙文邦將小弟文孝抱入懷中逗著，邊笑說這會是趙家最俊的孩子。

「哥，學校知道你參軍後，公開讚揚我是榮譽之家的子弟，現在師長們也特別照顧我。」趙秀雄開心的對哥哥說。

趙文邦笑了一笑，拍了拍弟弟的肩，投以溫暖的眼神。

見過家人們後，趙文邦向父母稟報接下來將隨部隊訓練，可能在澎湖各地駐紮的事，向來沉默的父親開了口，要趙文邦好好照顧自己，也多留意軍中的澎湖同胞，盡力照顧好自己人。

09.

一九四三年十月，西嶼庄外垵社。

為了讓海軍志願兵訓練生徒能夠盡快對戰爭有全面了解，訓練長官不但要求生徒熟知當前戰事、各國與日本之間的關係，同時也帶著生徒到各要塞進行隨部隊訓練，以確保未來這些海軍志願兵被發派到各單位時，能成為發揮實際功用的即戰力。

趙文邦的隊伍輪到外垵社，訓練長官在開始操練前講解在歐洲戰爭期間，陸軍築城部在外垵社及猪母水社規劃設置的兩座長射程岸防砲臺，用來防禦敵艦砲擊以掩護馬公要港，只可惜因一紙《華盛頓海軍條約》而被約束，於是大正十一年被下令停止築城工事，不過近日正在研議是否重啟。

訓練長官亦向生徒特別講解日本帝國與英國之間的關係，在歐洲戰爭期間，日本帝國成功擊敗清、俄兩帝國後，日英組成同盟，日本也加入協約國，向當時處於同盟國陣營的德國宣戰，青島戰役期間也成功攻佔德國在亞洲最大軍港青島；但如今的世界大戰，日本與德國同盟，而英國則成了日本的敵對國。

「各位生徒，你們和我一樣，都是天皇的子民，內台一心，我們將會贏的最終的勝利，你們選擇義勇報國，展現滅私奉公的社會道義，是好榜樣；」訓練長官在解說後，勉勵了生徒一番：「現在讓大家解散休息，一個鐘頭後，回到司令台前集合。」

經過一季的共處，趙文邦的小隊與他感情深厚，無論訓練或是休息時間，總是團體行動。在訓練長官宣布解散後，一行人在要塞四處行走。

根據長官的說明，此要塞附近便是設有「甲種防備衛所」的杙仔尾，裡頭配備水中聽音機，和彼岸的井垵凸角相望，形成馬公航道的左右門戶防衛，如果敵鑑襲來可施放水雷封鎖馬公港，是屏障澎湖本島最重要的防禦工事之一，更肩負澎湖海域防潛網路要角的重任，當前最重要的任務莫過於防堵米國軍潛艦的侵入。

「欸欸，你們有聽說帝國在支那廣州的南石頭行動嗎？」一名生徒問著大家。

「那是什麼？」趙文邦有些疑惑地問。

「這是我聽到一些長官在討論的祕密，聽說是石井部隊策劃的。」

「石井部隊？是那個把細菌當作武器的祕密部隊嗎？」另一名生徒有些驚訝：「聽說他們有做很多人體試驗研究，還蠻恐怖的。」

「我聽說，南石頭行動，是南支那方面軍的８６０４部隊，把香港難民趕到廣州，廣州那裡有個南石頭收容所，」生徒吞了口水，有些緊張地說：「聽說裡面都在做活人試驗還有活體解剖，好像是準備要打細菌戰……」

言談過程中，正巧一位日籍軍官巡視路過，生徒們擔心談論機密被處罰，立即禁聲，精明的趙文邦則板起臉孔，佯裝準備發派任務給眾人。

萬幸軍官巡視是一路往前，沒有在他們身邊多停留。

10.

一九四三年十二月，**澎湖廳舍知事辦公室。**

五個月轉眼即過，文邦與生徒們的基本軍事訓練也進入最後一個月，生徒們已經開始議論，誰能夠通過合格，去受海軍專業訓練。

前一週福田良三中將接替山縣正鄉，擔任馬公警備府司令長官，聽聞訓練長官對趙文邦的肯定後，當面勉勵過他。

這一天，福田良三中將打斷了生徒的操練，將趙文邦召去了辦公室。

被打斷的唐突，讓趙文邦有些摸不著頭緒的進到了辦公室內，心裡頓時擔心起是不是自己手下生徒哪些撒野的事被長官查獲，戰事讓一切變得十分緊繃，在澎湖的日本籍長官人人心繫著帝國的前途，這使得管制更為嚴謹，處分也比過往更眾些。

「趙文邦，」福田中將平順地說：「一會讓你搭車，去知事辦公室一趟，大田知事找你。」

「啊？」出乎意料的命令，讓趙文邦有些措手不及。

儘管如此，趙文邦仍跟著福田司令的傳令上了車，一路趕往廳舍。

傳令領著趙文邦到大田知事面前，他雖然疑惑，卻仍冷靜地待命著。大田知事隨後便將傳令請回，客氣地請趙文邦上座；他看著自己一身軍服，還因為操練滿身大汗，有些不好意思。

「文邦，找你來是有事要跟你討論。」大田知事開門見山道。

「我？」趙文邦心想，一個海軍志願兵訓練生徒，怎有本事與知事討論什麼。

「是的，」大田知事點了點頭：「我最近在處理紅木埕鄉埔仔尾那兒的事情上，遇到些困難。」

趙文邦瞇起眼想了想，紅木埕鄉埔仔尾？那可是日軍為了「慰安」兵士所設的「公娼街」，怎麼會牽扯到他？

「別緊張，」大田知事見趙文邦的神情，笑著對他說：「你在軍中應該也聽過陸軍跟海軍為了搶慰安婦的衝突吧？這事讓人頭痛得很……我是跟福田司令在討論如何改善，我們認為聽聽本地人的想法或許會有點頭緒，福田司令推薦我來請教你。」

「知事客氣了，請教實在不敢，」趙文邦禮貌地說：「只是我恐怕不太清楚現狀，不知道可以提供什麼想法。」

「我盡可能簡單說，」大田知事深呼吸了一口氣，開始闡述。

日本軍自從日俄戰爭大勝後，在增強軍備之外也大量擴充馬公軍港的慰安所，後來澎湖知事向台灣總督提出設立公娼街的申請，考量埔仔尾大部分為墓地、民宅稀少，便於公娼館的發展及管理所以選址於此，即便長老教會的教堂就在其中，但總督府還是批准了。

軍設慰安所的出現帶動周邊地帶的繁華，為了便於公娼接受定期檢查及強行性的性病治療，也廣設婦人醫院，現在十萬大軍駐紮澎湖島，十餘家公娼館裡日本人娼姑人數有一百五十餘名，**供需不成比例**。

馬公城內外的公娼館都是由日本海軍控制，但駐留在馬公的陸軍仍然可以「利用」，原本這樣的模式還勉強能平衡，但是戰事的持續與變化讓陸軍部隊開始移動，埔仔尾的公娼也因此變成「從軍慰安婦」，整個澎湖島的慰安婦制度就有了天翻地覆的改變；原本猶如陣營制的「定著型」改成了獨占制的「移動型」，伴隨制度改變而來的是「慰安婦爭奪戰」的爆發。

「昨晚在馬公派出所的隔壁的朝鮮樓，海軍跟陸軍又有一次大打出手。」大田知事長嘆了一口氣。

「長官，很抱歉，我無法給予任何幫助，」趙文邦深深倒抽了一口氣道：「對於逼良為娼的事我已相當不齒，還談什麼幫助？」

大田知事被眼前的少年所說的一番話震驚。

知事脫下了眼鏡，右手揉了揉太陽穴，撥了一下頭髮，整個辦公室鴉雀無聲。

「我知道，徵用女人來當慰安婦，從精神和肉體上安慰我們的軍人，樹立他們必勝的信心，這是不道德的……」大田知事顫抖地說著。

「不是徵用，是騙！」趙文邦拉大了嗓門：「騙那些以為自己是要去當護士、工廠、清潔隊員的女人，利用她們的善良純樸，這是逼良為娼！這就是逼良為娼！」

「年輕人，」大田知事也不自覺地拉大了嗓門：「或許你不相信，但是我對於慰安婦所遭受的難以估計的痛苦，也感到悔恨及自責……這是我作為一個日本人最羞恥的地方。」

「知事，慰安婦就是性奴隸，這整個制度都不應該存在！」趙文邦氣得拍桌。

「文邦，拜託……我保證處理完衝突，會想辦法向東京稟報廢除這個制度的聲音……」，本以為出格的行為會惹怒知事，而遭到處罰，但大田知事並沒有任何反應，只是冷靜的走向趙文邦，搭著他的肩說：「但眼下，我們必需要趕快解決慰安婦爭奪戰的問題，不然闖下大禍，我被革職，你的心聲……遠在東京的內閣也聽不到。」

趙文邦沉默了良久，才緩緩開口：「知事，如果你可以做到，先讓澎湖島所有被逼迫的女人立刻回家，日後向內閣反應廢止慰安婦制度的聲音，我才願意幫忙。」

大田知事聽完趙文邦的話，默默地點了點頭。

趙文邦見知事點頭，深深嘆了口氣，才說：「除了爭風吃醋的問題，陸軍與海軍之間，都是因為生理問題無法被滿足，而之所以無法被滿足，是因為分配出問題。」

大田知事思考著趙文邦的話，好一會才開口說：「這樣的話，把它當成純生理的問題，透過依照人頭分配應該最為公平，或許應該以陸海軍兵員人數為準，設定公平的配額制。」

趙文邦搖著頭，對自己的言論深感羞愧，雖然是具體有效的方法，卻讓他感到相當噁心難受。

「就這樣吧，我去寫裁示，等會兒你幫我帶回去給福田司令，我想海軍應該會滿意我出面解決的作法。」大田知事邊說邊回到辦公桌前振筆疾書。

趙文邦走到知事辦公室的窗台邊，望向廣場，這時天空下起了雨。

澎湖島，就這樣座落在東太平洋上，平坦的土地、與世無爭的人民在此安身立命，但總是因為大時代一次次被捲入衝突與戰火之中，從大航海時代開始，因為戰略與可觀的經濟利潤，澎湖成為兵家必爭的據點，大日本帝國何嘗不是如此？趙文邦邊看著街景，邊想著。

寫完裁示的大田知事抬起頭，見到窗外的雨景，便叫趙文邦入座，隨手將桌上台灣電力株式會社澎湖支店送來的報告拿到他的面前。

「既然下雨了，陪知事說說話再回去吧。」知事邊說邊把報告遞給趙文邦：「今年在海軍工作部要求下，台灣電力株式會社澎湖支店將原基隆火力發電所老舊淘汰的一部2,000瓩發電機移裝過來，不過發電過剩後把原裝置容量110瓩的二號柴油發電機組移裝到恆春發電所去了。」

趙文邦邊聽著知事敘述邊讀著報告。

「現在供電電燈數8,400盞，只是我有些擔心……」大田知事說著。

「戰事還在持續，澎湖支店都用別人淘汰的機組，都是老舊的設備，」趙文邦打斷了知事：「要是有機器毀損，我們供電能力就會減損，到時候可能必需要限制分配電量，您擔心的是這個對吧？」

大田知事點了點頭。

「知事的擔心是實在的，恐怕最好還是同澎湖支店談談，如果不換新機組，至少也要多配一些，避免風險。」趙文邦闔上報告說。

「文邦啊，知事真希望能早點跟你請教一些事。」大田知事對著趙文邦莞爾一笑。

「知事您客氣了，只要是為了澎湖島好的事，我都很樂意。」趙文邦答道。

「其實你們家養生堂作為馬公街十八大行之首，全家國語也都說得很好，怎麼就不考慮也改日本姓呢？」大田知事嘗試勸說這最指標的士紳世家長子。

「我們是不會改日本姓的，知事，我是台灣人。」趙文邦站起身，向大田知事鞠躬道。

見趙文邦一身傲骨，大田知事雖有些不悅，卻也相當欣賞，隨後便傳來自己的司機，讓趙文邦能帶著裁示搭車回到要塞。

11.

一九四四年十月七日，馬公街養生堂內。

經過完整的海軍專業訓練後，成為正式志願兵的趙文邦在服役的七個月間，因為戰事加劇只回過家兩次，好不容易盼到了這一天，能夠休假返家兩日。

一家大小開心地吃著晚餐，笑談著小弟文孝轉眼很快就要滿兩歲了，盼望戰爭早點結束，能夠平靜過生活。

吃過晚飯的一家，熄燈就寢，大概是躺上了久違家中床舖，趙文邦很快便睡去。

興許是在軍中太久，太想念了家裡的床舖，趙文邦這一睡便很深，沒有作夢，只有順暢的呼吸著……但在趙文邦的感覺之中，彷彿僅僅只是剛睡著，突來一聲空襲警報的巨響便讓他驚醒過來。

一躍起身的他，望向桌上的時鐘，時間是凌晨三點半，出於本能，他起身喚醒全家，並抱起了小弟文孝。

「**疏開！疏開！疏開——！**」街坊上一陣又一陣的人聲高呼。

全家人圍在一起，站在最前面的文邦思索著如何逃到最近的防空壕，突然之間天上傳來一聲厲聲巨響，接著砰了一大聲，一家人都感到地動山搖。

「疏開——**米國軍來轟炸了！**」外頭有人高呼著。

推開門的趙文邦，看見外頭身穿軍服的志願兵們，相當有秩序的展開馬公街周邊的疏散行動，一位負責引導的志願兵認出他來，便替他接過家人，母親則從他的手中接過小兒子文孝。

「父親、母親，我得走了，弟弟們要聽話！」趙文邦對著家人們高呼。

知道家人將被最快速的安置到防空壕，趙文邦便決定趕往最鄰近的澎湖病院，拔腿奔馳的過程中他望向已被熊熊火海吞噬的馬公港，一艘船艦已被魚雷攻擊船身進水而嚴重傾斜，街上的人們倉皇地行走著，港邊開始有擔架往返病院的動線。

砰——！又一聲巨響。

隨之而來的，是戰鬥機低空飛過的隆隆聲，以及機槍掃射的聲響，一路從海上打往街坊，是毫無差別地向整座島掃射。

聽到機槍的聲響，趙文邦本能地翻滾臥倒，找到掩體遮蔽，同時高呼著「疏開」。

咑咑咑——搭——咑咑咑——咑咑——咑咑——咑。

直到機槍聲響遠去，趙文邦才爬起身，往病院奔去。

來到病院的他，協助著志願兵與護士安頓傷患，在大量湧現的傷患者中，趙文邦見到同住南甲社的鄰居冼自霖叔叔，躺在擔架上，背部持續出血。他回過神，立刻清空道路，讓受了重傷的冼自霖的擔架可以盡快通過走道，上手術檯。

這一晚，米國軍B24轟炸機總共轟炸四次。

趙文邦沒有停歇，因為與所見的多數人相識，成功協助許多調度的工作，當米國軍襲來，趙文邦腦中只有何以保全眾人的念頭，直到一位自己隊上的志願兵來通報，說一家人已經與大田知事一起被保護在廳旁堅強的防禦堡壘中，他才在這一夜頭一次緩下來。

另一個擔架從趙文邦的面前被推進手術房，他想起鄰居叔叔，便向護士詢問房號。

顯然手術相當成功，打在冼自霖背部的三顆子彈並沒有傷及臟器，也都被醫生迅速移除。

「阿叔，我是趙家的大兒子，文邦。」趙文邦推開門，見冼自霖意識清醒，便打過招呼。

「森正義——副艦長——」冼自霖喘著氣。

「阿叔，您在病院了，醫生為您動完手術了，」趙文邦上前握住冼自霖的手：「米軍的攻擊停止了。」

回過神來的冼自霖，與趙文邦談了會天。

原來，米國的掃射將與冼自霖同船的日籍艦長直接擊殺，當時他為了保護艦長而被掃射到，負重傷的冼自霖還得通報副艦長指揮才避免了全艦覆沒。

「比大正年間的海盜還要兇殘，米國軍頭一次這樣掃射我們澎湖島。」驚魂未定的冼自霖說道。

12.

一九四四年十月起，飽受戰火蹂躪的澎湖島。

十月八日凌晨的轟炸，只是米國軍打擊澎湖島的第一聲槍響。距離馬公港轟炸短短五天，空襲警報在十月十三日凌晨一點五十五分再度響起，米國軍以轟炸機四十五架次分批攻擊海軍要港部陸上設施、馬公街東町及西町陸上日軍陣地；次日，米國軍B24軍機分兩批十九架再度攻擊海軍要港部，馬公街居民紛紛避遷湖西庄、白沙庄等鄉村。

整個十月的轟炸，是米國軍為了登陸菲律賓的雷伊泰島，為阻絕日軍從台灣增援菲律賓而採取的攻擊，長達一週的對台空襲後暫時恢復平靜了兩個月。

一九四五年一月三日上午，米國軍格拉曼戰鬥機分兩批對海軍要港部攻擊，遭日軍擊落一架、擊傷三架；一月十五日米國軍再度以兩百八十六架次戰鬥機和轟炸機對馬公各重要軍事設施和馬公街上投彈掃射，民房炸毀無數，澎湖島周邊海域魚類亦被波及炸死，空襲過後，澎湖島居民紛紛到海邊撿拾死魚食用。

三月十三日下午二時米國軍轟炸機炸中海軍要港部汽油庫，燃燒一小時餘，當時油燒的惡臭氣味蔓延整個馬公街許久，還沒能等到惡臭氣味散去；十四日米國軍轟炸機分四批共八十餘架次對馬公街投擲兩百至一千公斤的大型炸彈約八十餘枚，命中陸軍要塞司令部，炸毀衛戍病院和馬公街衙場，並炸毀松島公園內的防空洞，壓死避難者五十九人——此次轟炸後，馬公街上幾成廢墟。

三月十七日，澎湖廳大田政作知事正式宣布，澎湖已陷入戰場化的狀態。

身處在台灣海峽的澎湖島，面臨日本帝國與米國慘烈的太平洋戰爭，完全無法倖免，四月一日在帝國海軍內傳開的戰情是米國展開琉球登陸戰；當時，因為硫磺島戰役的失利，日軍第32軍指揮官牛島滿收到本土來的直接命令把最精銳的第九師團約三萬人往南方調度來了台灣。

澎湖島內海軍士兵私下紛紛在談論，牛島司令手上只有十萬餘兵力，琉球島上資源匱乏，連建造掩體的混凝土都不夠，如果本土沒有把戰機送去，防守任務將會極端艱困；而米國軍出動一千三百艘軍艦、派兵十八萬人，已有海權空權，牛島司令此刻不需求勝，而是要消耗、拖延時間，把守米國對日本本土侵略戰之前最後門戶。

四月二日中午，福田司令召集了所有海軍志願兵到司令台前集合，向所有士兵宣布：「各位馬公警備府的士兵聽好，本土將我軍精銳第9師團兩萬兵力從琉球抽調來台灣，現在米國軍開始進攻琉球，我已收到73部隊的支援請求，我要整頓兵力派往高雄雞母山，四日出發，會合73部隊前去為琉球及牛島司令解危。」

收到福田司令的命令後，全軍迅速有秩序的展開戰備工作。

趙文邦的隊伍，被分配到為戰鬥機先行補給水的任務，在展開任務前的空檔，長官告訴他，配合福田司令的指示必須派出精兵，所以趙文邦將會被調往支援琉球的行動。

幾名志願兵與趙文邦一同將水自石泉社載往海軍基地旁的機場，一路上他看著建物周圍的綠意盎然，對於日本人不因為擴軍而砍樹反倒還認真種樹這一點，默默地肯定著。

「我們石泉社的水，真的是全日本最棒的水。」一名志願兵邊加水邊說道。

「是阿，軍隊只要是要下南洋，都來我們澎湖島加石泉的水，因為水放兩個月不會變質。」另一名志願兵答著腔。

趙文邦的腦海裡反覆著長官的交代，想到兩天後就要出發琉球島，總覺得有些違反他參軍的初心，但他又想起了從琉球來的國分，此刻也在澎湖島，守護著自己的家園。

「接下來去琉球不知道還能不能回來？」趙文邦身旁的志願兵感嘆著：「米國軍經歷過諾曼地登陸，知道登陸戰難打，聽說這回派兵比諾曼第登陸時還要多一個師。」

「米國軍不會得逞的，我們有軍艦大和，我們大日本帝國海軍已經建造人類史上最大的戰艦了。」另一名志願兵顯得信心滿滿。

「聽說牛島司令打算死戰，會發動神風攻擊和玉碎戰。」趙文邦嘆了口氣，心裡頭想著的都是家人。

「只要本土派戰機，加上軍艦大和支援，琉球不會給米國人拿去的。」身旁的志願兵安慰著趙文邦。

完成加水任務折返基地的趙文邦，拿起紙筆打算寫信，左思右想總覺得對雙親難以啟齒，於是決定把要被調往琉球一事寫信告訴弟弟趙秀雄。

接連兩日的準備後，福田司令聯繫了雞母山，告知將派兵調入73部隊一事，為避免米國軍攔截，將會透過運輸船來載運。

然而，正當準備發兵之際，米國軍十二架Ｂ２４轟炸機再度空襲馬公港和東吉島的監視站，以及基地周圍的工廠和路軌園場。這一波米國軍的空襲，同時出動超低空之編隊盟機對地面大規模掃射，三艘軍用船、一艘油輪、一艘貨輪均遭擊沉，陸軍病院、聯隊本部、街役場新廳舍等不是被炸倒就是大規模破毀，連總務課長官舍都受直擊彈而全毀。

米國軍在四日的空襲加上對澎湖島的全麵包圍，改變了福田司令的命令，全澎湖島的兵力都留守戒備；在海軍基地中，志願兵們則紛紛謠傳澎湖島各地都有民眾說看到廟中供奉的神明顯靈，將轟炸機所投下的砲彈往南推，讓馬公街的幾座主要廟宇避開被炮火摧毀的厄運。

四月七日傳來軍艦大和因為日軍失去制空權，遭受米國軍特遣艦隊大量艦載機的猛烈飽和攻擊，在坊之岬海戰中被擊沉的消息，讓海軍士氣大為受挫；但米國軍沒有停下攻擊的腳步，軍機隔日便開始對澎湖島雙頭掛、烏崁、鎖港、豬母水機場等地進行攻擊，四月二十八日更派軍機夜襲菜園。

素來與世無爭的澎湖島，至此飽受戰火無情的蹂躪。

13.

一九四五年五月起，飽受戰火蹂躪的澎湖島。

儘管米國軍在太平洋戰場上仍為琉球的苦戰困擾，盟軍在歐洲戰場已經逐漸掃蕩完成，此時已無軸心國。當盟軍迫近米蘭時，墨索里尼已被義大利抵抗運動遊擊隊捕獲並槍決，義大利社會共和國隨後便在卡塞塔投降；四月三十日希特勒在與愛娃共結連理數小時後於元首地堡內自殺，五月八日納粹德國簽署了投降書。

經過米國軍長久的轟炸攻擊，澎湖島許多重要軍事及民用設施都急需整修，志願兵們紛紛被調度支援，五月十日接替福田良三中將出任馬公警備府司令長官的志摩清英中將，將補強防禦工事列為最優先重點項目。

在琉球的牛島司令十分大膽，直接決定放棄防守海岸，讓日軍徒手在三道防線挖掘了複雜的地道系，起初登陸的米國軍因為沒有碰到任何抵抗，就在琉球的中部沙灘全部登岸，而牛島司令命令日軍等到敵軍靠近到看得清楚五官才從山洞眾多的機槍孔齊射，米國軍於是被殺個措手不及。

長達近兩個月的作戰，據說琉球島都瀰漫著血腥與火藥的惡臭味。

五月三十一日，台北遭遇大爆擊，城內許多官衙、民居遭受破壞、全毀，損失慘重，而同日米國軍軍機飛至馬公上空散發宣傳單，十日後米國軍軍機再度展開對馬公附近地區日軍陣地的攻擊；六月十三日米國軍軍機七架次攻擊馬公北町附近區域，十五日攻擊西溪港底附近區域。

琉球方面，苦等不到本土支援，又見證軍艦大和被擊沉的牛島司令，率領部分殘餘日軍躲在山洞之中，縱使米國軍每天散發無數的傳單來保證寬待戰俘仍未動搖，直到六月二十二日早晨，牛島滿中將脫下軍裝制服並換上和服，在洞外的岩石上面鋪上一條白布後，依據武士道的儀式切腹自殺，由另一名軍官為他介錯。

牛島滿的參謀長，以及近千名殘存日軍也追隨司令剖腹自殺，米國軍至此完全攻克佔領琉球。

此時的澎湖島內已經出現議論，昨日的大日本帝國已成強弩之末，甚至聽聞已有內閣成員私下與米國協議戰降條件。然而，七月十一日傳來停靠高雄港的交通船江差丸遭擊沉，對高雄間海運中斷的澎湖島民，才意識到戰事仍在繼續。

七月十六日，在新墨西哥州洛斯阿拉莫斯實驗室建成後三年，米國經過長時間研製後，米國總統杜魯門推選擇在波茨坦會議前一天，於一望無際的阿拉莫戈多沙漠上試爆。

開啟了人類核子時代的那枚原子彈，爆炸之時鄰近的山丘瞬間被照得比日間還要光亮，即使遠至基地營地也感覺到熱度宛若處於烤爐旁，爆炸發出的光線從最初的紫色轉為綠色再轉為白色，衝擊波快速襲向觀測者，蘑菇雲彷彿直入天際。

這場人類史上首次核試驗，被以約翰・多恩詩句命名為「三位一體」，對照其後的殺戮歷史來說無疑是一大諷刺。

米國如今成功實驗了人類歷史上第一顆原子彈的消息在國際間傳開，日本各地開始臆測米國將考慮以原子彈攻擊自己，而肩負戰略重任的台灣於是擔憂成為核攻擊目標。

七月二十六日，盟軍領導人發表波茨坦宣言，提出日本投降條款。這是對日本的最後通牒，波茨坦宣言表示日本如果不肯投降，盟軍將進攻日本本土，造成「日本軍隊不可避免且澈底的毀滅，而日本本土一樣無法避免遭到澈底破壞」。而對於盟軍的通牒，日本首相鈴木貫太郎選擇拒絕，七月二十八日下午的新聞發布會上回應「波茨坦宣言是老調重彈，與開羅宣言沒有兩樣，政府將故意忽視它」。

得知日本的態度後，米國軍對於是否使用原子彈出現象當分歧的意見，許多科學家強力反對、歐本海默認為日本的失敗已是必然而沒有必要使用，不少物理學家也聯名致信要求拒用；然而，硫磺島戰役和沖繩島戰役使得米國軍傷亡巨大，經過這幾場戰爭的傷亡比率推算，米國軍需要犧牲掉百萬陸戰隊員的生命才能奪下日本本土，因此所以在得知原子彈試爆成功後，軍方極力要求對日本使用這種新式武器。

八月六日清晨，天氣晴朗，氣候悶熱。

米國軍轟炸機從吉里安島起飛，八點十五分對廣島投下搭載「小男孩」的降落傘，「小男孩」在空中爆炸形成巨大火球，瞬間的高溫伴隨強烈白色閃光而來，頃刻之間捲起巨大的蘑菇狀煙雲，廣島遂化為一片火海，一瞬之間帶走五萬人命。

米國軍使用原子彈的隔日，志摩司令接獲情報，米國軍有意襲擊左營港，生怕又是原子彈攻擊的福田不敢大意，立刻調派志願兵協同基地內專長攻擊與破壞的伊五十二型潛艦出航，被命令參與任務的趙文邦並不知道，他們的行動擊沉的戰艦，上頭有**米國軍欲對左營攻擊的原子彈**；返航後，趙文邦一行人才得知，米國軍軍機已向西嶼庄外垵社發動空襲攻擊。

結束左營解危任務的隔天，志願兵們議論著這場戰爭的走向，有人說米國軍只有一顆原子彈，有人說蘇聯應該會出面調停，也有人說「潛水空母」伊號第四百型潛水艦正式服役後會改變戰爭格局。

八月九日早晨，載著「胖子」的米國軍機飛往小倉，卻發現天空濃雲密布、能見度太低，空盤旋數圈後燃料吃緊，於是駕駛員決定飛向「備選城市」長崎，接近中午時分再度投下原子彈，長崎瞬間成為火海。

14.

一九四五年八月十五日，澗天島。

這是一個灰濛濛的上午，天空飄著細雨。

接近中午的時候，志摩司令命令各級幹部將澎湖島所有帝國軍集合到司令台前，隨後一身正裝地走上了司令台。志摩司令的雙眼難掩哀戚，頻頻地掃視著司令台下的將士，在這大日本帝國最漫長的一日裡，他看見久經戰事一身疲憊卻還打起精神的所有官兵，心裡仍有些許驕傲。

時間來到正午，在司令台下的將士官兵儘管空等多時，卻沒有任何躁動。

不一會，整個營區的擴音器都傳出了開啟的聲音。

一名男子的聲音從擴音器傳出：「正午十二時整點報時。現在即將有重大放送。請全國聽眾朋友起立。」

接著，另一名男子的聲音：「天皇陛下即將親自對全體國民宣讀重大詔書。現在開始播送玉音。」

此時所有人都屏息著，面對第一次聽到天皇的聲音，大家神情相當肅穆。《君之代》先是從擴音器傳出，播畢後，天皇緩緩地說出：

朕深鑑世界大勢與帝國現狀，欲以非常措置收拾時局，茲告爾忠良臣民：

朕通告旨使帝國政府，對米、英、支、蘇四國，受諾其共同宣言。

抑圖帝國臣民康寧，偕萬邦共榮之樂者，為皇祖皇宗之遺範，而朕之所拳拳不措也。曩所以宣戰米、英二國，亦實出於庶幾帝國自存與東亞安定；如排他國主權、侵領土者，固非朕志。

然交戰已閱四歲，朕陸海將兵之勇戰、朕百僚有司之勵精、朕一億眾庶之奉公，各不拘於盡最善；而戰局必不好轉，世界大勢亦不利我。加之敵新使用殘虐爆彈，頻殺傷無辜，慘害所及，真至不可測。而尚繼續交戰，終不招來我民族之滅亡而已，延可破卻人類文明。

如斯，朕何以保億兆赤子，謝皇祖皇宗之神靈？是朕所以使帝國政府應共同宣言也。

朕對與帝國共終始協力於東亞解放之諸盟邦，不得不表遺憾之意；致想帝國臣民，死於戰陣、殉於職域、斃於非命者，及其遺族，五內為裂。且至於負戰傷、蒙災禍、失家業者之厚生，朕之所深軫念也。惟今後帝國可能受之苦難，固非尋常；爾臣民之衷情，朕善知之。然時運所趨，朕堪所難堪、忍所難忍，欲以為萬世開太平。

朕茲護持國體而得之，信倚爾忠良臣民之赤誠，常與爾臣民共在。若夫情之所激、濫滋事端，或如為同胞排擠、互亂時局，為誤大道、失信義於世界，朕最戒之。宜舉國一家，子孫相傳，確信神州不滅，念任重而道遠，傾總力於將來之建設，篤道義，鞏志操，誓發揚國體精華，可期不後於世界之進運。爾臣民，其克體朕意哉！

隨後，《君之代》再次被演奏。

一名男子的聲音從擴音器傳出：「天皇陛下的玉音已恭敬地播送完畢。」

這一刻，許多日本人都紛紛放聲痛哭，天皇的宣告無疑是日本戰敗投降的鐵證，他們因為抱怨失去獻軀機會而痛不欲生，有些日本籍的軍官甚至開始準備切腹。文邦與許多志願兵則是面面相覷，心裡頭雖然覺得卸下了纏身的枷鎖，彷彿也失了重心一般。

最初出現在放送中的男子聲音再度從擴音器傳來，再度朗誦了天皇的《終戰詔書》後，播報起一連串有關終止戰爭的新聞。

當天晚上，鈴木內閣決議總辭，而馬公警備府司令長官志摩清英則是宣布讓所有澎湖廳籍志願兵即刻返家；收拾完行李的趙文邦，在離開測天島前，向許多日裔友人道別，只可惜有些軍官已經切腹報國，慶幸還能在離營前見到國分。

「戰爭，結束了。」國分嘆了長長的一口氣。

「您要回琉球了？」趙文邦關心著國分。

「還不確定，現在米國軍強勢佔領，我也不知道家園變成如何？」國分搖了搖頭。

「聽說軍方高層仍有一些主戰派拒絕投降……」趙文邦有些擔心著還有波折。

「大勢已去了，對他們來說，」國分嘆了口氣：「對世間來說，太平洋戰爭也結束了。」

他們都知道玉音放送宣告了什麼，日本無條件投降了，至少還保住了天皇。

兩人道別前深深一擁。

玉音放送後九日，許多原疏散至鄉村的馬公街居民，開始返回馬公重建家園；次月二日，日本外務大臣重光葵登上停泊於東京灣的密蘇里號戰艦，在米國軍中將薩瑟蘭的監督下代表日本政府簽署《降伏文書》，正式停止第二次世界大戰中雙方的軍事行動。

太平洋戰爭結束，第二次世界大戰也終於結束了。

Ch.2橡媼嘆聲飄過海

01.

一九四五年九月六日，開澎天後宮前廣場。

戰爭結束後，對於當初疏散至鄉村的馬公街居民來說，漫長重建家園之路正在等待著，沒有太多的喜悅，更多的是茫然，以及深深的疲累感。

昭和天皇發表《終戰詔書》後半個月，盟軍最高統帥麥克阿瑟元帥依美國總統杜魯門指示發布《一般命令第一號》，命令了除了滿洲三省之外，在中國、台灣、北法屬印度支那等地的日軍向代表同盟國的蔣中正委員長投降，蔣中正隨後委派中國陸軍總司令何應欽將軍為其代表負責受降事宜，何應欽則委派陳儀將軍作為其在臺灣受降的代表。

早在麥克阿瑟元帥發布命令前，蔣中正已先任命陳儀為「臺灣省行政長官」，隨後其所統治的國民政府在重慶宣布成立「臺灣省行政長官公署」與「臺灣省警備總司令部」，同時命陳儀兼任「臺灣省警備總司令部」的總司令，將「軍事接管臺灣」任務劃歸警備總部負責，警備總部依據〈臺灣省收復計畫大綱〉，與美軍聯絡組共同研討，以軍事佔領原則制訂〈臺灣省佔領計畫〉。

在國民政府最後確立「軍事接管臺灣」後，台灣被列入了中國戰區，美軍台灣訪問團兩天前抵達了台北，開始救濟遭日軍俘虜的美國人。

而這些戰後國際上的大國權力遊戲，對於飽受戰火所苦的人民來說，實在不比重建家園回歸正常生活重要。趙文邦向父親請示過後，讓王贊乙一行人召集了馬公街的少年仔，相約到媽祖廟廣場來，打算街區互助，使大家的生活可以盡快回到戰前的狀態。

「大家都來了，真好，真好，」趙文邦笑著向齊聚的少年仔致謝：「我跟父親談過了，會請十八大行的老闆們一起幫忙，也要拜託大家一起出力，米國軍的掃射跟轟炸把馬公街弄得滿目瘡痍，老大人們有年紀了，咱們少年家要多負擔點。」

眾人一陣鼓掌，難得在戰爭落幕後展開久違的喜悅笑顏。

「高順賢先生跟呂安德先生請我向大家表達感謝，他們知道文邦召集我們大家來發起街區互助後，很讚賞這份心意。」擔任會計的王國清說道。

趙文邦點了點頭，刻意地挽起了袖子，開始分配起工作。

「登勛、石頭、謙仔、阿發，」趙文邦對著林友謙、薛發、呂登勛與鄭石頭等人說：「你們四人負責公告與維持秩序，讓鄉親知道，日本訂下那些不公平的規定沒了，但是不能因此滋亂生暴，家園要重建者若有需要物資，可以向十八大行的老闆索取，如果有宵小藉機作亂，要麻煩多多制止。」

「阿香，維持秩序的部分要請你多幫忙。」趙文邦對身旁的陳麗香說。

「祥仔、阿龍還有正已兄……」趙文邦持續對林麟祥、楊得龍與曾正已等人分配著工作。

牽著另一名男孩的曾正已打斷了文邦的發言：「文邦啊，稍等一下……我跟林池、洪傳先生、野口還有陳有能，我們要去高雄了，我要去教建築。」

「這樣啊，那……恭喜欸，這是好事啊，要替咱澎湖人爭面子！」趙文邦笑著對曾正已說，同時看向牽著曾正已的男孩逗著問：「啊少年家，你是誰啊？」

「文邦兄好，我是伯祿，正已的堂弟。」男孩禮貌的向趙文邦點了點頭。

趙文邦對小男孩回以溫暖的微笑。

「那阿臺，你跟祥仔、阿龍，你們三人幫忙一些老大人修房子好嗎？」趙文邦笑著對余臺、林麟祥、楊得龍三人說：「料的話可以來養生堂拿，也不要嫌棄到養生堂搭伙吧！」

三人點了點頭。

在楊得龍身後的王祿合突然舉起手，對趙文邦說：「我懂修一些電器跟機械，我也可以幫忙！」

「祿合兄啊，我想說不好意思，畢竟您可能會回台南……」趙文邦笑得有些靦腆。

「我也想為澎湖出一份力，況且……這一時半刻，我也難回台南。」王祿合眼神十分堅定。

「我可以跟祿合兄一起，我也懂一點機械。」嚴政人對趙文邦說道。

「那祿合兄，我也想拜託您，我們家的收音機正好壞了，如果能修好，我們會更快知道現在的時局狀況。」趙文邦邊說邊指向養生堂的方位。

「這個重要，祿合兄，咱們先一起去吧？」嚴政人搭著王祿合的肩說，兩人於是步出媽祖廟前的廣場。

眾人在接下工作分配後，一一離去，只剩下王贊乙、盧鑫二人與趙文邦待在廣場上。見眾人散去後，王贊乙長嘆了口氣，引起了趙文邦的注意。

「贊乙，怎麼了？」趙文邦有些不解的問。

「你知道，賴忠郃、王邁華、劉出民跟陳國刓他們四個，今天我去找他們說你召集大家，但他們說要準備迎接中華民國軍來，所以沒興趣參與我們。」王贊乙邊說邊搖著頭。

「那沒關係啦……每個人想法不同，不管日本人來讓台灣發展多少，日本還是把台灣當成殖民地，大家都受了壓迫跟委屈，現在熱烈期待中國軍來，也不是不能理解，」趙文邦搭著王贊乙的肩，試圖安撫他：「況且工作分配順利，現在不缺人手啊。」

王贊乙聳了聳肩：「日本人不好歸不好，不代表中國人來了會好，現在澎湖將跟北法管的印度支那與台灣一起被蔣中正的中國軍佔領接管，中國軍可不一定把我們當成自己人，我只是擔心阿。」

盧鑫搔了搔頭：「是說，這樣以後我們就是中國人了嗎？」

趙文邦瞇了眼，也有些茫然。

02.

一九四五年九月二十六日，馬公港陸軍碼頭。

日本投降後，澎湖與台灣一同經歷了近兩個月的無政府狀態，但在地方士紳、在台日裔人士的通力合作下，社會秩序並無太大的波動，日本殖民時期的制度多數仍然維持，少了戰火的威脅生活比前些年好得多。

當時，中華民國國民政府仍在各戰區處理戰後事宜，官派接管台灣的專責人員多數都處於等待命令的作業時間，直到中華民國國民政府派員到位後，該處的大日本帝國駐警、駐軍及所有日籍人員才開始分批引揚歸國。

這一段既不屬於日方治理又無中華民國接管的時間裡，十八大行的老闆們及趙文邦與少年仔們偶爾會與大田前知事碰面，用共同協商的方式來處理地方零星的事件，直到九月下旬傳來中華民國國民政府官派接管澎湖的專責人員與軍隊即將抵達。

早在月初之際，林獻堂等六人便以台灣人代表名義，參加了在南京舉行的受降典禮；月中時，陸軍上校張延孟被派遣為台灣接管準備委員預先來到台灣，在台灣銀行被接收後發行千圓券及百元券近一個月之時，國府公布了台灣區日本紙幣回收辦法，雖然兌換上有些不便，仍不影響人民對於回歸祖國的期待。

臺灣今日慶昇平，仰首青天白日清，六百萬民同快樂，壺漿簞食表歡迎，
哈哈！到處歡迎，哈哈！到處歡迎，六百萬民同快樂，壺醬簞食表歡迎！

這一天，馬公街各家戶都唱著歡迎歌，熱烈歡迎中華民國國民政府軍進入澎湖島，人們傳誦著陸游「王師北定中原日，家祭勿忘告乃翁」的詩句，國民政府軍在人民的歌聲中從馬公港陸軍碼頭登陸。

這一天，在馬公街的道路上，大量商家行號都刊登歡慶的廣告，街上鑼鼓喧天，鞭炮聲不斷、戶戶張燈結綵，興奮幾位人民在街上大聲說「我們回歸中國了，我們要做中國人了，不再做日本人」！

沿路有人發著中華民國的國旗，四年級的秀雄聽見街上的熱鬧聲，從家門探出時正好接過一支國旗，好奇心驅使他與人群一同朝陸軍碼頭走去，擔心弟弟的趙文邦見此，便上前追著趙秀雄。

碼頭邊，穿得英俊乾淨的空軍，帶著幾位不知道是何人的大官，在海軍航空隊的協助下前往海關招待所，但接下來登陸的陸軍卻顯得相當狼狽，一行拿著扁擔、破破爛爛而衣不蔽體的兵自碼頭上岸便開始遊街。

「唉唷……這個……這什麼祖國啊？祖國的兵怎麼這麼爛啊？」歡喜迎軍的澎湖居民中開始出現議論聲。

「擔扁擔的、戴斗笠的、拿雨傘和鍋子什麼的，這樣的軍隊怎麼打得贏日本軍，這種軍隊真要來管我們台灣，是要如何管？」一名初見中國兵的男子極度失望地說。

牽住趙秀雄的趙文邦抬頭一瞧，也被震驚，人們在戰爭結束後心心念念期待的祖國勝利之師，竟然不如戰敗的日本帝國軍。部分失望的群眾開始散去，趙文邦帶著趙秀雄回到家中，卻在街上瞥見王邁華與劉出民正在毆打一名馬公高等女子學校的日裔教師，便快步上前阻止。一陣拉扯，身形較為瘦小的王邁華與劉出民敵不過趙文邦，只好自討沒趣的離開，兩人被趙文邦擋下時多少心有不甘，離去時仍揚言會報復日本人。而趙文邦則扶著被毆打成傷的教師，去了趙澎湖病院。

這情景讓趙文邦警覺，恐怕類似的衝突還會再有。

數日之間，趙文邦便與王贊乙一行少年仔都加強了街區的巡邏，慶幸王邁華與劉出民這類人多是紙老虎，除偶有小騷動外，並沒出什麼大亂子；而登陸澎湖島的國民政府軍，很快張貼行政長官公署的公告，行政長官公署公告下令廢止日治下所有榨取、壓迫台灣省民的法令：

「國民政府即公告中外：
行將接收在甲午戰爭後割讓給日本的台灣全境及澎湖列島，
即將派行政及軍事各官吏前往治理；
凡我在台人民，務須安居樂業，各守秩序，不得驚擾滋事。
所有在台日本陸海空軍及警察，皆應聽候接收，
不得逾越常規，危害民眾生命財產。」

然而，前來接管澎湖島的國民政府軍很快便成為地方治安的問題來源。行政長官公署公告張貼後沒幾天，便有國民黨的接管官員強占了原派出所旁的「朝鮮樓」，還強迫日本官員帶他們到台灣銀行取走萬餘元的美金，事情傳開後，巡守街區的少年仔們拜訪了大田前知事，這才得知大田前知事日前已被通知將隨復員、引揚一同歸國，不便再介入澎湖島的地方事。

「走了一個撒尿的，卻換來一個拉屎的！」走出大田家的嚴政人大聲痛罵。

03.

一九四五年十月十五日，馬公街宮內町。

十月五日這一天，五架美國專機載著國民政府接收的先頭部隊飛抵台北松山機場，總督府諫山參謀長等高級官員與台北地方仕紳及挺著閃亮軍刀的日本兵一字排開列隊相迎，長官公署秘書長兼長官公署前進指揮所主任的葛敬恩中將見此陣仗心生恐懼，怯懦地躲在飛機上，推臺灣省警備總司令部副官處王民寧處長先出來露面。

王民寧深呼吸了一口氣後，挺直腰桿，步下飛機，迎接的群眾報以如雷的掌聲，他向群眾光彩地揮了揮手，葛敬恩才帶著黃朝琴、李萬居、柯遠芬等隨行四十餘人下機。

率領幕僚抵台後的葛敬恩，以秘書長兼主任的身分發號施令，宣布在台北設立「臺灣省行政長官公署前進指揮所」，正式結束台灣自日本宣布投降以來的「政治真空期」，近兩個月無政府狀態至此告終。

配合接收台灣的工作，在葛敬恩一行人抵台後隔日，首批國府官兵由福建出發，實質的軍事占領作業開始運行；兩日後，聯軍最高司令部下令封鎖日本殖民地銀行及國外銀行，國民政府隨後公告原台灣貨幣繼續流通但法幣在台禁止使用。

「臺灣省行政長官公署前進指揮所」成立後五日，重慶市傳來消息，國民黨與共產黨雙方經過43天的談判後，正式簽署《政府與中共代表會談紀要》，宣告將結束國共分裂局面並建立民主政權等；而國台灣省前進指揮所後也發布了禁止日本人公私財產轉移的公告。

一切動盪看似逐漸平緩下來，一波波國民政府接收官員在在盟軍飛機的掩護下由美軍運輸艦載運護送至台灣各地，所到之處都有滿懷期望民眾砌成人牆夾道歡呼熱烈迎接，但就如在馬公港邊失望的人群一樣，沒有看見期望的勝利之師，反而比較像是一批又一批前來台灣的戰爭難民。

馬公街的民眾在重建家園的過程中，經歷了祖國來的震撼教育。

戰爭落幕後，趙文邦與街區的少年仔維持了秩序，馬公街的重建也進行得頗為順利，但隨著國民政府軍陸續登島，其所駐防之處週圍竊盜案頻傳，不少民眾也都遇到軍人從窗戶爬進爬出的狀況，整體治安愈來愈差。

就連載運物資的船隻及船上的乘客，都會遭遇小偷；等待歸國的引揚日人家中，也會有突如其來的武裝軍人闖入搶奪財物、家具，甚至不需任何通知就將他們趕出房屋再強行佔住。

少年仔們在屢屢接到街裡老大人的反應後，決定聚會討論應對。

嚴政人見到王贊乙、盧鑫與趙文邦一同前來，忍不住大吐苦水：「那些中國兵也太嚇人了，居然一群人圍著升降機在那邊議論，還問為什麼四角形的箱子會自動的上升又下降，中國到底是多落後？」

「我還以為祖國來的人水準一定比日本人高，」盧鑫也跟著搖了搖頭：「前天我家隔壁有幾個中國兵，看到廚房洗碗的水龍頭一扭動就流出水來，馬上跑去買個水龍頭就要插進牆壁，還怒斥質問為何扭不出水來。」

王贊乙大笑著跟著附和：「我還看過中國兵叼著菸妄想在電燈泡上點火咧。」

聽著眾人所言，趙文邦長嘆了一口氣道：「幾位只是住在日式房屋的老大人也被侵襲了，中國兵去恫嚇他們，指控他們是日本人的幫兇，說把他們的名字列在戰犯名單。」

嚴政人搖著頭說：「中國兵太無法無天了。」

「我們該怎麼辦？」盧鑫聳著肩：「文邦啊，現在澎湖島到底誰說了算？」

王贊乙有些茫然：「日本人要走了，中國官這副德性……也主持不了什麼。」

趙文邦揉了揉眼，正準備要說什麼時，遠處向他們跑來的呂登勛大喊了幾聲，打斷了趙文邦。

「不好了！有幾個日本婦女被殺了！」呂登勛大喊著。

「贊乙啊，去找阿香，」趙文邦立刻回過神來：「政人兄，你與我先隨登勛過去看吧，阿鑫請你先到養生堂跟我父親說一聲。」

04.

一九四五年十月二十五日，測天島。

「本人此次非為作官而來，而是為台灣服務而來；本人做事及勗勉部屬，素來奉行六大信條，即一不撒謊、二不偷懶、三不揩油、四激發榮譽心、五愛國心、六責任心，上述六語即為本人自重慶帶來之禮物。」——台灣省行政長官陳儀於十月二十四日在美軍將領陪同下從上海飛抵台北松山機場時發言。

陳儀在離開重慶前往台北前，公布了「治台方針」，強調將在台灣切實實行三民主義，普及國語，推進教育，增加台民福利，建設安定繁榮的新台灣。

二十四日下午，在美軍陸軍上校歌德理、海軍上校凱爾的陪同下，一行人降落在台北松山機場。機場上，放眼望去盡是青天白日滿地紅旗彩旗，軍樂在陳儀步下舷梯時大作，歡呼聲、掌聲響成一片，在檢閱儀仗隊後陳儀與前來歡迎的葛敬恩等人熱烈擁抱握手，互致問候；雖然十分沮喪，台灣總督安藤利吉仍挺直著腰桿，與總督府官員在距離陳儀飛機百米外的一角一字排開的站著。

「這位是台灣省接收主官、台灣行政長官兼警備總司令，陳儀將軍。」葛敬恩笑著把陳儀介紹給安藤利吉。

安藤利吉強作出笑容，立正向陳儀敬禮道：「歡迎陳將軍。」

早在陳儀抵達台灣之前，國府第七十軍及接收官員便分乘美國軍艦四十餘艘自基隆港登陸，其後國府教育部更調派魏建功來台灣協助推行國語教育；在陳儀抵達台灣幾小時後，第二批國府軍分乘二十七艘艦艇到達基隆，國府對於軍事占領台灣的行動不斷增加人力與物力的投入。

翌日上午，晨曦初露時，林獻堂、陳炘、林茂生、杜聰明、羅萬俥、謝爽秋、黃式鴻、王白淵等人作為台灣人民代表，與台北各界人士一同湧入即將舉辦受降典禮的公會堂。

當樂隊高奏著勝利進行曲時，身穿嶄新的陸軍上將服的陳儀緩緩地步入了大廳。在陳儀的身後緊跟著行政長官公署秘書長葛敬恩中將、台灣警備副總司令陳孔達、司令部參謀長柯遠芬、70軍軍長陳頤鼎、空軍第一路軍司令張廷孟、海軍第二艦隊司令李世甲等軍政長官一行人。

日方投降代表安藤利吉等五人，早已奉命到達，在另室等候傳喚。

在大鐘敲響九聲後，葛敬恩宣布：「中國戰區台灣省接受日軍投降典禮開始。」

以總督安藤利吉為首的日本投降代表，在中國官員指引下，低著頭魚貫而入，至受降席前站成一排，向陳儀行禮。

而陳儀則在禮畢後，命令日本官員在投降席坐下，接著起立宣讀受降書：

「中華民國三十四年九月九日，已在首都南京接受日本投降。

本官奉中國戰區最高統帥蔣中正之命，為台灣受降主官，

茲以第一號命令，交與原日本台灣總督兼第十方面軍司令安藤利吉。

依照此項命令，台灣全境及澎湖列島應交還中國，

所有日本在台灣及澎湖列島的陸海空軍和警察，均應繳出武器，聽候處理，希即遵行。」

陳儀語音落下，安藤利吉微微點頭應諾。

心裡暗忖著，自己就要代表駐守台、澎的日本第十方面軍投降了，安藤利吉百感交集，眼前的陳儀將軍其實只是盟軍將領蔣中正的代表，而蔣中正也只是受麥克阿瑟元帥委任，日本是敗給了同盟國。抬頭望向正懸掛在受降典禮台上英、中、美、蘇四國同盟國同等大小的國旗，安藤利吉心想著**中國那面旗子實在應該小一點**。

低下頭後，安藤利吉左右看了看諫山春樹、須田一二三、中澤佑三人，雖然只來台灣一年，

但知道這座自己曾經管理的島嶼就要被同盟國軍事佔領，在自己這個末代總督的手上丟掉了帝國的領土，內心仍感恥辱。

台灣警備司令部參謀長柯遠芬起身將受降書與第一號命令交給安藤利吉，躬身接過匆匆掃視一遍後，便用毛筆簽下名；現場的記者都將手中的相機對準了安藤利吉，一陣鎂光燈閃爍，捕捉著歷史的時刻。

日軍參謀長諫山春樹把簽了字的文本呈交陳儀，陳儀審閱受領證無誤後，即刻命令日軍代表在引導官引導下離場，聽到長官命令的葛敬恩則大聲宣布：「受降禮畢，令日方代表退出。」—安藤利吉等再向陳儀行禮，快步出了大廳，這時全場掌聲雷動。

「典禮只有短短數分鐘，但這幾分鐘是中華民族浴血奮鬥了半個世紀才得來的，結束了日本帝國對台灣長達半世紀的霸佔，如今**寶島重新回到祖國的懷抱**，吾人應依循陳儀長官的治台方針，切實實行三民主義、普及國語，此際，**台灣人還沒接受真正中華文化之薰陶**，**是二等公民**……」—葛敬恩在投降的儀式結束後，對台灣人民發表了演講：「……現在典禮結束，陳儀長官將發表廣播演說。」

典禮落幕的播報聲，從收音機裡斷斷續續的傳出。

趙文邦與一行少年仔聽見陳儀的聲音，宣稱台灣及澎湖列島已重入中國版圖，而台灣省行政長官公署將在原臺北市役所設立並正式運作，陳儀將此稱為**台灣光復**，而日本時代的《台灣新報》由李萬居接任社長，並改名為《台灣新生報》。

於此同時，測天島上空一批戰鬥機低飛了一圈，馬公街的民眾仰望天空、歡呼雀躍，伴隨戰鬥機而來的是先頭部隊，中國兵進入測天島基地內，便令前來迎接的志摩司令降下所有建築上懸掛的日本國旗，同時讓士兵升起了中華民國國旗。

解除武裝的日本兵，都將武器集中到海軍檢查部，交給國民黨的接收部隊。

大戰結束後，海軍比陸軍早撤離，包括神風特攻隊的戰船與戰機都分批運回日本，當安藤大將代表投降時，台灣仍有45萬日本兵陸軍，在台灣島的撤離中，日本相當有紀律的以北中南東四大聚集點集合，由花蓮最優先，南、中、北接於其後，澎湖島的部分則是最後。

也因此，國民黨的中國兵在澎湖，幾乎搶走日本留下的一切，收穫量甚至高於台灣島內某些重要據點；數日內，國民黨空軍人員佔據了靠近機場的一切財產，並限令居民在四十八小時內遷走。而面對中國兵的蠻橫，日本等待遣返的復員、引揚怕惹禍上身，甚至遭毒打，於是毫無抵抗。

受降典禮隔日，台灣行政長官公署宣布台灣為中國的一省，其後國府立法院通過了〈漢奸處理條例〉，使得部分台籍仇日分子日後開始藉此名義徇私報復。

二十八日，在接收總督府官有部分企業、財產後，行政長官陳儀舉行台灣地區軍事接收委員會會議，討論台灣地區軍事接收委員會之組織章程與接收辦法，隨後頒發〈行政長官公署署字一號命令〉；兩日後，再行頒布〈臺灣地區軍事接收委員會組織規程〉與〈臺灣省警備總司令部軍字第一號命令〉，明令十一月一日起開始台灣各項行政接收，並對台灣進行軍事佔領，同時要求日軍全面繳械。

在陳儀推行的「光復新政」中，國府接收了舊株式會杜台灣銀行及其他一切的金融機關，也成立了行政院善後救濟總署台灣分署，而這個以「救濟」為名的單位在台灣設立後，並未如其名的對台灣有所幫助，反倒是新一波災難的開始。

05.

一九四五年十一月，馬公區馬公鎮。

戰爭結束之後，為了因應國民政府在台前進指揮所的要求，台灣總督府詳細擬定了一套《對前進指揮所有關米穀管理的要望事項》以及《台灣總督府農商局食糧部移交清冊》，在受降典禮前總督府要求仍在執勤的日本警察與官員繼續維持秩序，並保持米價以及物價的平穩，同時建議直接派遣警察與憲兵直接協助並指導米穀管理措施。

然而，上至行政長官公署官員，下至陸續來到台灣的中國兵，除了對於設施、物品、金錢等物的接收，對於日本人所提或所準備的「事務繼續與接收」、「懸案事項及緊急要務」這等行政方面事務，幾乎不感興趣。

行政長官公署將總督府整套的米糧配給制度沿用，更名為〈台灣省管理糧食臨時辦法〉，但並未如戰時的總督府發揮平抑米價與物價的作用，此時的國民政府官員成天遊手好閒、魚肉社會。

國民政府雖成立「糧食局」作為米糧控管的負責單位，卻未能承接日本米糧控管的行政工作，在沒有對台灣耕地進行精確的丈量與收成估計之下，便對農民下令「調整後總額不得少於原派額總數」，一心只想管控米糧，一昧的要求農民繳納米糧的固定數量不得低於總督府時代，此無異於將封建皇朝官員行事的模式水平移入。

在沒有提供肥料與輔導、沒有丈量土地與調查收成狀況的狀態下，封建王朝落後的官僚思維在已經現代化的台灣，釀成了極大的災難。收成欠佳、耕地淹水或個人經濟困難的農民怨聲載道，被剝削的嚴重程度遠勝日本殖民時代，還在民間衍生出無數糾紛。

國民政府在沒有實施肥料與種籽配給的補助措施的情況下，以遠低於市場行情價的方式想要收購農民的稻米，於是在三芝爆發了民眾拒絕提供倉庫糧食給政府的衝突，然而最後國民政府派武裝警察強制執行，事件演變成數百村民持械反抗與宣傳政府壓迫的暴動。

作為台灣人的主食，米在日本撤退之後還存有約二十萬軍隊兩年的儲備糧，終戰時白米價錢尚為一斤2毛錢，但在國民政府接收不久後就鬧起了糧荒，短短兩個月半米價便暴漲到一斤11元，**盛產米的台灣轉眼變成快餓死人的台灣**。

為接收台灣主要物資，陳儀在一週內設置了台灣省貿易公司，又成立了台灣經濟委員會並讓自己兼任主任委員，隨後再以行政長官公署派出了二十餘支「糧食勸徵隊」分赴台灣各地徵糧。

這些來到台灣的國民政府官員鮮少深入探究台灣缺糧的實際狀況，只顧著用船把台灣的米糧運往中國，中華民國軍政部因與共產黨陷入內戰，急令將台灣的米運去支援，擔任救濟總署台灣分署長的錢宗起，不顧台灣缺糧困境，接到軍政部請求後便致電其上級蔣廷黻商討將台灣的米糖運到中國一事，以「讓台灣經濟流通活絡」之名開始掏空台灣。

澎湖自古不產稻米，多依賴從台灣運米糧，自十八日國民政府開始正式接收澎湖作業後更顯艱困，面臨台灣米急速被大量運往中國又面臨制度問題導致生產困難，十八大行的老闆們也逐漸從救濟鄉親重建家園的角色，淪為需要救濟的對象，澎湖人也開始紛紛找尋白米以外的替代糧食。

不單單是米糧衝擊著民生，日本企業在國民政府官員接手經營後，更逐一倒閉。接手日本企業的國民政府官員，先將庫存成品大幅拋售，賣完了庫存成品後就賤賣原料，原料沒了就把生產器具、機械設備拆開當作廢鐵出售，最後再把工廠關閉，這樣的衝擊連號稱東洋第一的酒精工廠嘉義熱帶化學公司都無力承受。

原先在日本殖民時代，台灣人在行政官員或是會社中大都擔任中下階級的職員，本盼著憑藉實際經驗，在日本人離去後留下的空缺台灣人可以晉升，但行政長官陳儀以一句「不會說國語，缺乏中國精神」為由，寧願繼續留用日本人也不願任用台灣職員，更引起台灣民眾反感。

月初之時，財政部與行政長官公署先後公布〈台灣與中國本土匯兌流通管理辦法〉與〈日本銀行券處理辦法〉，接著台灣警備總司令部又通告中國內地法幣不准在台灣市面使用，金融秩序不斷受到打擊。

社會更因為無法依靠警察維持法律和秩序陷入動盪，人民不得不紛紛採取自衛的措施，而任何與警察有關的事務，也都必須在紅包繳上後才可能通關，甚至偶爾在街道上會遭遇警察與憲兵的槍戰。這樣的「新文化」、這樣的「祖國傳統」，對台灣人來說，十分地不可思議。

而月中行政長官公署頒布〈人民團體組織臨時辦法〉後，便下令所有人民團體停止活動，包括以台中為運作中心的社會主義民團「人民協會」、台灣青年學生成立的台灣學生聯盟都備受壓力，成立不久的農民協會遭強迫解散，連同救濟流落海外台胞的行動也常被找麻煩，只有林獻堂穿梭其間推動的台灣建設協會與台灣文化協進會稍能立足，此期間唯獨國民黨的三民主義青年團可以通行無阻。

06.

一九四五年十一月二十九日，媽宮城隍廟前。

「氣死人了，我漢字不太會，這樣……就不給辦了嗎？」盧鑫跺腳大罵著。

「現在不比日本官員的時代了，政府都換成中國人，要趕快學講華語了。」余臺拍了拍盧鑫的肩。

王贊乙搖了搖頭說：「這些大陸官喔，素質是真的差，當初日本人來還積極學講我們的話，現在跟這些官都沒辦法講話，來還到處貪污，老百姓誰沒有被欺負？」

聽著其他人說的，陳國刓頗為不屑：「你們好心點，祖國的長官們也是剛打完辛苦的一仗，現在在大陸還要面對共產黨，總要一點時間吧？」

劉出民在一旁點了點頭。

「什麼東西啊？誰的祖國？這些中國兵坐車用餐不付錢、賒借不認帳、賤價強買，動不動就是偷、搶、騙、姦，再不然就是對人開槍，」嚴政人對於陳國刓一番話十分光火：「日本人再橫，做事還有個道理，還有法紀。」

「這麼喜歡當日本人喔？漢奸！」劉出民邊說邊朝地上吐了口水。

看著少年仔彼此的爭執，趙文邦長嘆了一口氣：「你們夠了，是嫌現在不夠忙的嗎？」

「我告訴你們，對祖國不要不敬，吃果子要拜樹頭。」劉出民指著一行人說道。

「祖國是誰？中華民國喔？」王贊乙搖了搖頭說：「現在中華民國也只是代替同盟國接收澎湖跟台灣，就只是軍事占領，日本簽〈降伏文書〉也只是停戰協議，又不是領土處分。」

陳國刓跺腳大罵著：「鬼話連篇！數典忘祖！」

「我看這些人八成還覺得我們是日本的一部分，可憐的倭奴！」劉出民拍了拍陳國刓的肩。

「現在整個澎湖、台灣都是盟軍在管的，」王贊乙搖了搖頭說：「日本投降，現在只是把澎湖、台灣交給盟軍佔領，沒有把主權轉移給誰。」

陳國刓聽著其他人說的，頗為不屑：「好啊，如果日本放棄主權，那誰擁有主權？不就是中華民國嗎？」

劉出民點頭應和著。

「我有點糊塗了，」盧鑫對於這番對話滿腹疑問：「所以我們現在到底是哪國人？」

「要我說呢，日本終究是會放棄主權的，而中國也早就把我們割讓出去了，到時候主權是誰的？主權當然是屬於所有台灣人的。」趙文邦解釋道。

「台灣人的主權？台灣能成一個國家嗎？台灣憑什麼成為一個國家」劉出民十分不屑。

王贊乙長嘆了一口氣道：「上個月，蒙古不就辦了外蒙古獨立公民投票嗎？」

「你們中華民國的國父孫文不就說過，必須鼓吹台灣獨立和高麗的獨立運動互相聯合？」嚴政人指著劉出民和陳國刓二人說道：「你們中華民國的蔣中正委員長不也說過，必須使台灣恢復獨立自由才能鞏固中華民國的國防？」

「你們省省吧，還蒙古咧？中華民國會讓蒙古獨立？」劉出民試圖反駁著。

「我聽說中華民國準備承認外蒙古國了。」余臺插了話道。

陳國刓搖了搖頭：「就算台灣真的投了獨立公投也過了，國際會接受嗎？」

「至少米國跟英國會接受吧？之前〈大西洋憲章〉不就說了，不希望看見任何與人民意志不符合的領土變更，也希望看到曾經被武力剝奪其主權及自治權的民族重新獲得主權與自治？」趙文邦邊說邊聳著肩。

講不過眾人的劉出民和陳國刓憤而掉頭離去。

「這樣講起來，我們現在只是被中華民國軍事占領？」盧鑫仍在思考著。

「就像麥克阿瑟現在統治日本一樣，戰勝國的接收，也就是所謂的軍事佔領都是臨時性的，」王贊乙拍著盧鑫的肩說：「台灣地位，本來就該由我們台灣人自己決定。」

「經歷了日本人的殖民和中國人的佔領，如果有一天可以自己決定，我會希望台灣自己就建立一個國家。」趙文邦淡淡地說。

「不知道這個佔領還要多久，才能到舉辦公投那一天。」余臺嘆了口氣。

「要是到我們死了都還沒結束佔領呢？」盧鑫搖著頭，擔心著噩夢不知道會持續多久。

「那就對我們的子孫抱著信心吧。」趙文邦抬頭仰望天空，笑著說。

07.

一九四五年十二月九日，馬公鎮媽宮市場。

自漢人開始移居澎湖，座落大港旁的媽宮城南側就是島嶼最繁榮的核心，戰後的重建也最為迅速，總督府澎湖廳闢建了媽宮市場，是整座島城唯一的消費市場，來自各地的蔬果南北雜貨、民生用品及澎湖島自產的魚菜與土產都在此處販售。

每日的清晨到正午，這裡總是人來人往，經常水洩不通。

然而十八大行原本致力與市場攤商共同維持戰後的貨物暢通，隨著中國兵帶來的問題與行政長官公署一連串的命令，秩序日漸混亂。

兩日前，此前經常往返上海、重慶等地處理個人事務的救濟總署台灣分署長錢宗起才正式到台灣開始辦公，這時才發現台灣幾乎無米可再運往中國；行政長官公署開始面臨台灣全面的米荒，連帶的整個澎湖島的米糧與民生物資的輸運與配給也因此大亂。

在媽宮市場裡頭，地上偶爾可見掉落的紙鈔，但沒有太多人願意耗費力氣將之拾起，人們聽到有米有菜可買時，爭相地提著一籃又一籃的鈔票去搶購，生怕手腳慢了，又只能回去吃番薯。

文邦如平時一般，帶著王贊乙、盧鑫、余臺三人設法在市場內維持秩序，而不遠之處一身狼狽的曾嘉舟牽著妻小，高喊著文邦的名字。

「曾叔，發生什麼事了？」趙文邦見曾嘉舟一臉驚恐，相當疑惑。

「文邦啊，叔叔拜託你，帶我去找你父親，」曾嘉舟有些上氣不接下氣：「那些中國兵好野蠻啊，我們家的祖厝就這樣給他們強占去了……」

王贊乙聽聞曾嘉舟所說，相當憤怒：「曾叔，我們去幫你把家討回來。」

「唉唷不可以呀，不可以呀！中國兵有槍啊，他們是真的會殺人的啊……」曾嘉舟拉住氣頭上的王贊乙，轉頭對趙文邦說：「文邦啊，叔叔現在只希望你父親幫幫忙，讓我們一家有個棲身之處。」

「我知道了，曾叔您不要緊張，我帶您去找我父親。」趙文邦安撫著眼前極為驚惶的曾嘉舟，想起不久前國民黨台灣省黨部如何在台灣各地恣意佔用房舍，還有行政長官公署對各州廳如何蠻橫地接收，內心十分感嘆。

王贊乙嘆了口氣：「欺人太甚，這哪門子祖國？台灣人不要再當奴隸了！」

盧鑫、余臺兩人跟在趙文邦身後，細聲的談起病院旁一家二樓開著旅社的冰廠辦公廳，因為是日本人所開設，也被國民黨的中國兵給強占去，感嘆國民政府這才來幾些個日子，政治就有了翻天覆地的變化，人民飽受其擾。

趙文邦想起曾嘉舟一家就住在冼家隔壁，突然擔心起美軍空襲後一別未見的冼自霖叔叔，便向曾嘉舟詢問冼家的安危，得知中國兵只佔去曾家，趙文邦雖然鬆了口氣，卻不敢再曾嘉舟面前流露，就怕傷了曾家人的心。

帶著一行人回到養生堂見過父親，趙文邦說明了事情的來龍去脈，父親嘆著氣搖頭，直說中國兵來了之後，整個社會無人倖免，也談到日前銀行的朋友提起台北的狀況，行政長官公署官員在接收日本資產時不斷中飽私囊，似乎就連末代總督安藤大將都親手送給葛敬恩百餘公斤的黃金。

廳內不分老少，人人都在想著，這些中國兵的掠奪何時才會到盡頭。

08.

一九四六年一月九日，養生堂內。

趙文邦代替父親送走了來訪的客人。

行政長官公署在去年底公布了〈台灣省各級民意機關成立方案〉後，便要求各鄉鎮、縣限期成立鄉鎮民代表會、縣參議會等機構，那時起便有不少仕紳來勸進文邦的父親應該參選，但父親堅持自己只是一介商人，不懂政治，全數婉拒。

其實，自從陳儀到任後，各地方首長、企業首長、學校校長清一色都是中國人擔任，語言的隔閡與障礙卻讓統治相當困難，而成立民意機關這個不得不然的權宜之計在趙文邦看來則可以是一個契機，像父親這樣重要的地方仕紳進入體制，應該可以減緩許多不應該有的衝突。

「父親真的不打算參選參議員嗎？」趙文邦在客人離去後，詢問了父親。

「你也知道，我對當官不感興趣，」父親面色凝重的說：「況且年底米國派了馬歇爾上將來調停國民黨跟共產黨，看起來很快就會簽停戰令，後面用協商來取代打仗，當今民生物資匱乏的問題，接下來還需要有人解決，我在商界能做比較多事。」

趙文邦聽了父親所說，便不再追問，光是先前行政長官公署嚴禁食糖私運出台灣一事加上禁止用米釀酒及製粉等等造成的動盪，他知道父親已經焦頭爛額，於是默默地拿起桌上那份放了幾日的民報，頭版上斗大的標題寫著中華民國承認蒙古人民共和國獨立，然而上頭一則短篇新聞記載很快便吸引了他的注目：

一月五日，臺澎要塞司令部的國民黨士兵騎單車在左營撞倒小孩，不認錯還無禮責罵，居民看不下去和兵發生口角，結果不久後竟帶隊持槍返回對民眾掃射並痛毆，造成一人死亡多人受傷。

他想起幾個月前，跟少年仔們在城隍廟前的對話，心裡頭百感交集。

此時日本人已經陸續離開澎湖，澎湖商界的大老們都在設法救濟滯留在日本的鄉親，但自從行政長官公署專賣局上個月下令私貨登記封存又獎勵密告者之後，密告文化讓商界做事都感到綁手綁腳；另一方面，國府官員以接收名義劫收台灣物資到中國變賣造成了各地物價的暴漲，而被接收的司法機關裡頭官員種種貪汙惡行也時有所聞，如果能人不願挺身而出投入選舉，只怕動盪是看不到盡頭。

09.

一九四六年一月十三日，馬公港。

台灣米穀一批又一批地被大量運往中國，鬧饑荒的台南已有台灣人不願行乞最後因缺食而自殺，台北萬華地區也有民眾因食糧問題服毒自殺，擔心民眾組織會抗爭生事，陳儀強迫了人民協會解散。

兩天前，糧食局正式宣布廢除米糧配給制度，形式上雖免去了戰時為了糧食調度的征購配售，現實上黑市的猖獗並無法被遏止，糧價因缺而飆漲的台灣，政府終止了配給制度卻無能控制米價飛天高，結果各地已經繳納白米的農民沒有餘糧可吃也領不到原來可以配給到的米糧，引起諸多抗議衝突；加上藍衣社暴力團出現後，勾結地痞無賴漢，本已欠佳的治安更為劣化。

前一日，中華民國行政院以〈節參字第〇一二九七號訓令〉之規定，不顧和平條約尚未締結，便單方面宣布「原有我國國籍」之台灣人民恢復中華民國國籍，對於不少台灣人民來說更顯得相當莫名其妙。

「怎麼突然間我們全變成中國人了？」王贊乙大嘆著。

「這命令有效嗎？聽說米國、英國、荷蘭、日本政府都不同意。」余臺有些不解的問。

趙文邦聳了聳肩道：「是說，這個月二十一日就要成立澎湖縣政府的樣子，好像還是沿用澎湖廳舍做為澎湖縣政府辦公廳。」

「知事……我是說，縣長，會是誰啊？」盧鑫好奇的問。

「聽說是傅緯武，行政長官公署官派來當縣長的。」趙文邦答道。

「傅緯武？哪裡人啊？」嚴政人聽到行政長官公署官派便一臉厭惡。

「福建人吧？算好了啦，至少講話可以通。」余臺雙手一攤。

「我是聽說他是讀書人家，好像父母都很早就過世了，」王贊乙搔了搔頭：「只希望他能多照顧貧苦可憐的人家，也做點實際的建設啦。」

「中國來的官沒好指望，」嚴政人搖著頭：「不要來搞破壞就好。」

「現在吃飽的問題越來越嚴重，糧食局隨隨便便把米糧配給制度廢了，我父親說台灣那邊很多地主糧商都在囤積米糧，有些投機商人甚至下鄉收購再轉賣米穀來賺取暴利。」趙文邦嘆了口氣道：「據說台灣那邊跟我們差不多的少年仔，現在為確保鄉民免於饑荒，在各地方自己成立糾察隊來阻止當地米糧運輸，這樣一來澎湖的米糧怕是要更吃緊了。」

「不知道月底要走馬上任的這位傅縣老爺能不能解決。」王贊乙撇了嘴。

「缺米的問題再不能解決，只怕衝突是要越來越多了。」余臺托著臉龐。

嚴政人起身拉了拉筋骨，無奈的說：「想那麼多，還是靠自己啦，我們多巡邏比較實際。」

10.

一九四六年二月，苦不堪言的澎湖縣。

過完了元宵節，對澎湖人來說，理應是嶄新一年的開始。

但莫名的，這一年的東北季風讓人感到冷過以往，興許是內心有著苦不敢言的悲涼，甚至難以辨明戰爭是否真的結束了。

自從行政長官公署下令將樟腦、菸草、酒、火柴等產製運銷列為專賣，同時派員到處強制取締專賣品私貨販售，十八大行已成了追憶，諷刺的是這些日子裡，帶頭私運食糖出境違反禁令來獲取暴利的，幾乎都是行政長官公署裡的官僚。

人們早已記不得這短短的一季裡頭，行政長官公署發布過多少的公告，只知道每一紙新的命令下來，日子就更苦些。整個台灣的模樣，讓人開始懷疑自己過去擁有的記憶是否真實，那個穩定的物質生活、有序的社會，彷彿都只是幻夢。

吃不飽已經成為日常，卻是不能說的祕密，《東台快報》只因刊出了探討糧食問題的一篇社論便被下令停刊，曾是魚米之鄉的富饒南台灣，高雄與台南都淪落到必須仰賴行政長官公署配給上萬斤甘藷來為生，嘉義化學工廠二百萬斤白糖與數百萬斤薯干被接收委員會盜賣朋分，工廠內的台灣人都被恐嚇不得聲張。

奉令前來接收台灣的中國官兵來自不同的派系，接收委員會實際的功能都落在處理劫收台灣資產過程中的分贓，甚至軍人對接收物資分配不滿而大鬧於市的貪婪醜態都讓人民見怪不怪，貿易局甚至勾結商人超低價盜賣十萬包麵粉造成民間買不到平價麵粉；原本喜迎祖國的知識份子也心灰意冷，冰凍三尺非一日之寒。

中國兵劫收台灣物資的空檔經常聚賭，由於日本時代的禁賭令養成民間社會良好風氣，見狀的民眾通報地方政府官員前來勸阻，沒想到出面的官員家屬竟被賭徒集體圍毆到遍體鱗傷；在市場裡也常有中國兵調戲賣菜的姑娘、強搶攤販，蠻橫荒唐的行徑讓教育水平甚高的台灣人往往看得目瞪口呆。

被政府委以維護治安秩序重任的警察單位同樣脫序，訓練班官員帶頭搶劫民宅、局長向商人低價購物不遂便當街開槍射擊，就連戲院都有警察以捉嫌犯為名闖進胡亂開槍的醜事，而應作為正義防線的司法體系也淪落崩壞，高等法院首席檢察官因貪污案被捕，院長也因貪污案被彈劾。

蔣中正派來台灣的手下，行政長官公署、中國國民黨、國民政府、中國兵，全都是以佔領者、統治者的姿態在台灣各地橫征暴斂、剝削脂膏，同時不停的發洩對日本的仇恨，日文圖書雜誌被行政長官公署全面取締、日僑私有不動產全遭沒收，官僚昏庸腐敗而無能，台北甚至在月底時流行起了天花。

行政長官公署在各地配置政令宣傳員，也在公布〈戶口清查辦法〉後開始清點人口，本以為是要配合完成區鄉鎮、縣轄市民意代表選舉的命令，直到行政長官陳儀發布九月開始在台灣徵兵的命令，人民才知道國民政府是要將台灣青年徵調到中國加入中國國軍、鎮壓共產黨徒。

駐台中國兵的軍紀如何敗壞、陳儀領導的行政長官公署如何貪腐、中國統治集團製造多少民怨，都早已是台灣人茶餘飯後的指責話題。當陳儀的徵兵命令一出，台灣各地都掀起軒然大波的反彈，地方首長們甚至紛紛提出台灣法律地位的問題，直指「戰後中、日兩國尚未簽訂和約，中國無權在台灣徵兵」，報刊作家和演說家也主張台灣在法律上是「被佔領的敵國領土」，因而無須服從「佔領當局」的徵兵命令。

其後，向駐日盟軍總司令請願的呼聲越來越高，有些人建議向聯合國請願，有些人建議直接向美國請願，其中更讓行政長官公署感到壓力的是，民間開始呼籲將在台灣的三萬中國兵調回中國支援內戰，讓台灣人自組「台灣自治軍」保衛家園，反對意見振振有詞、擲地有聲；陳儀見事態惡化之快、大驚之色，索性才放棄了徵兵的計畫，整個台灣徵兵計畫於此胎死腹中。

而行政長官公署在這些日子裡頭唯一真正完成的接收業務，竟是軍事占領的接收作業。

11.

一九四六年三月十五日，澎湖縣參議會選舉。

「本次澎湖縣參議會選舉，將選出十位參議員，分別由區域選舉選出七人、由職業團體選出三人，任期依規定為二年，現在公布當選名單，首先是區域的部分，馬公鎮陳伯寮、邱世昌，湖西鄉吳爾敏、白沙鄉蕭有泉、西嶼鄉盧顯、望安鄉陳月、七美鄉呂引；接著是職業團體的部分，縣醫師公會許整景、縣教育會紀雙抱及縣商會郭石頭。」司儀端詳著手上的計票單，緩緩地朗誦著選舉結果，掌聲隨著人名的更新一次次響起。

「參議會預計將於下月成立，屆時將選舉正副議長。」司儀宣布散會。

這一刻，澎湖人在經歷了數百年不同的政權更迭後，第一次以具體的行動實踐手上的政治權力，用選票組成了第一個真正代表澎湖的最高民意機關。

傅緯武縣長逐一向台上新科當選的參議員握手致意，這是趙文邦與少年仔們第一次見到新科縣長，嚴政人在嘴裡碎罵著中國官等語，其他人則是湊著熱鬧爭辯吳爾聰與郭石頭二人誰會當上議長。

趙文邦見到王祿合，便上前打招呼，感謝他協助修繕收音機。

跟隨在王祿合身後的是救濟院辦事員陳大欣與良文港人王財情，遇到久別未見的相識，趙文邦話匣子暢開了閒聊。

一番寒暄過後，天空突然下起雨來，傾刻之間滂沱落下，將趙文邦一行人都淋成了落湯雞，急忙從鎮公所外側跑到城隍廟裡頭躲雨。

「這雨下成這德行的，把人弄到滿身濕了。」王贊乙嚷嚷著。

「也做乾旱好久了，有雨總是讓台灣那邊好收成吧。」余臺撥著身上的水，笑著說。

陳大欣長嘆一口氣，低著頭說：「還是別收成了唄，收了也是讓中國兵拿去中國打仗給軍隊吃，辛苦的百姓唷，還是餓著肚子。」

「陳兄不是在救濟院嗎？」趙文邦看著陳大欣，有些不解。

「上頭拿這名字，中國官都掛羊頭賣狗肉，我……只能盡力……幫幫我們澎湖可憐的……老大人們。」陳大欣有些欲言又止。

趙文邦聽出了陳大欣沒說的話，索性打住不追問，大家心知肚明，前些天行政長官公署訓令本省人才從寬錄用本就只是形同具文，哪會有什麼發揮的機會，多半都是去幫忙收拾爛攤子。

「我聽廣播說前些天……新竹那邊，專賣支局的中國人科長在檢查專賣品時打傷了台灣人。」盧鑫插了話道：「還有昨天聽說有中國軍官包圍霧峰鄉農會，劫走二千多包米糧，嚇死人喔。」

「唉，中國人剝削台灣比日本人更嚴重。」余臺搖頭嘆著氣。

趙文邦聳了聳肩道：「來就一副征服者的樣子啊，日本在管的時候還有殖民地的法治，現在中國人來台灣卻無法無天了。」

「要我說啊，日本人還有點誠意，來還願意學我們的語言、研究我們的文化，中國人根本沒有文化的觀念，」嚴政人一肚子苦水不吐不快：「現在搞什麼去日本化、什麼國語教育，每條街道都給起名字，難記死了。」

「有些還難聽死了。」王贊乙補了一句，所有人哄堂大笑。

「唉呀，唉呀，」余臺收斂起笑容說：「今天行政長官公署下令，說日本人的留用範圍只限於技術人員，我是不知道在想什麼，但這些中國官能辦成什麼事，我也想不通啊。」

「好啦好啦，自己要堅強啦，我們也有了自己的參議會，我們自己也要爭氣。」趙文邦努力地安慰著失落的一行人。

12.

一九四六年三月三十日，馬公鎮養生堂內。

晚餐後，父親沒有如常準備就寢，反倒把趙文邦給叫住。

父子兩人對坐著，趙文邦見此異狀心裡頭雖有不解，卻不願多問。他知道父親肯定是有事要說了，而不常談話的父親此時這樣做，必然有他的理由。坐在對面的父親見家人們都紛紛準備就寢，像是鬆下了戒備一樣，難得地靠上了椅背，雖是輕鬆的姿勢，臉上卻藏不了憂心忡忡。

「文邦啊，」父親緩緩地開了口：「你跟少年仔這段時間做的，我看在眼裡，我沒有要勸阻什麼，只是要點醒你多留意、要小心。」

「父親您不用擔心，我懂，我會小心，我……」趙文邦見父親說出了擔憂，急著想解釋，卻被父親的手勢給制止。

「你不懂，聽我講完。」父親說道：「現在公署禁止擅自佔據公有耕地，也釋出米糧，這事你是知道的，我想，那位之前十八大行之一的徐老闆，算盤打很精的那個，你應該也還記得。」

趙文邦點了點頭，腦還中浮現了徐老闆的樣貌。

「徐老闆本來靠著關係弄到了釋出的米糧，但你有注意到他最近突然無消無息了嗎？」父親問著。

趙文邦這才留意到，確實好幾天沒有徐老闆的消息，實在有些不合理。

父親細細地向趙文邦說起了徐老闆近日的遭遇。當徐老闆前腳剛收到船運來的米糧時，後腳二十幾個中國兵在軍官的帶領下就出現在徐老闆的倉庫，拎著槍對著徐老闆，要他開倉交出白米

徐老闆被嚇壞了，當場就把倉庫開了，要一家子員工都不准抵抗，任憑中國兵將米糧全數奪去；沒了米糧的徐老闆，答應要把糧運到需要的地方總是得有交代，只好變賣了家產去換樹薯籤粉，想靠代用食來設法補足配給，可是樹薯籤粉還沒來的及進倉庫，知道徐老闆還有餘糧的中國兵又來脅迫交出剩下的糧食。

被逼急的徐老闆試著反抗，他告訴帶頭的軍官，那些搬去的米糧都是老百姓的伙食米，人民因糧價飛漲只能靠是買黑市米維持生活，要軍官把運去的米發還前好抒困，如果還不出來也應該結帳付款，就算當下結不了帳也該說清楚還款的時間。

徐老闆講了道理，也做足人情，但中國兵不買單。

徐老闆說，官兵一味向老百姓要米，拿了米又分文不給錢，這樣一來，老百姓日子過不下

去，政府也會失去威信。

沒想到那些中國兵只告訴徐老闆，不答應給糧的要求，就要把他押去台北，邊說邊拿著上刺刀的步槍包圍住徐老闆，徐老闆用身家換來的樹薯籤粉就這樣被搶劫一空，澎湖人這下連吃樹薯籤粉充飢的指望都沒了。

趙文邦邊聽著父親所說，不自主的握緊了雙拳。

鮮少談起政治的父親話鋒一轉，吐露了中華民國來接收之後的鬱卒：「以前日本可以精準掌握，配給制度對農民再怎麼苛刻，終究到戰爭結束的時候，我們也都還是有白飯吃，現在民生物資被官員貪污、掏空，軍政人員紀律敗壞，民間想做生意也處處限制，治安差又越來越多人失業，台灣人過得比日本殖民時不如。」

趙文邦有些訝異，原本一直以為父親對政治會閉口不談，沒想到內心裡也有這麼多的心思。

「現在因為中國內戰，米、布、鹽、糖，什麼民生物資都往中國運輸，整個生產比兩年前不到一半，報紙天天在報有人餓死街頭，大家快連吃山芋度日都撐不下去。」父親長嘆了一口氣，雙手掩面。

「台灣哪裡光復了？台灣只不過是再淪陷，中華民國的統治就是另一場夢魘。」趙文邦滴咕著。

「文邦啊，你自己要小心，」父親語重心長的說：「警備總部參謀長柯遠芬現在讓軍人擔任警備，說是要消滅流氓，最近的台灣獨立事件連同辜振甫在內好些人都被逮捕了，你要多提防，不要給中國人機會抓你。」

趙文邦對父親點了點頭，看來自己在外頭的狀況，連父親都掌握了，確實需要更為謹慎。

13.

一九四六年四月，被出賣的台灣。

對比「對岸同胞」正陷於戰爭的水深火熱衷，原以為自己被貶官流放到台灣的中國官兵，上至行政長官公署，下至官僚兵卒，全都沉浸在享受掠奪之中。

美國特使馬歇爾的面子再大，換到的不過只是國民黨與共產黨表面的妥協，馬歇爾離開中國後，國民黨與共產黨便在東北發生爆發軍事衝突，雙方爭相將軍隊調往東北，起初的零星衝突逐漸升級成大規模戰鬥，雙方為了搶佔蘇聯完全撤出東北後的權力真空，原先許多的協議幾乎都成了廢紙。

見戰事興起，陳儀便順勢喊出「為國軍反共保台而輸糧」的愛國漂亮口號，日軍在二次世界大戰結束時足供二十萬駐軍食用兩年的軍糧及更多準備運往南洋戰場支援前線日軍的食糧、軍需品及軍火彈藥等，都被當作國民黨接收台灣的最大戰利品，不斷被運送去支援國共內戰；碼頭和倉庫的工人日以繼夜將物資裝船外運，但在物資運送途中多被「繞道而行」去中飽私囊。

接管官員們比照在中國劫收的模式全帶入台灣，搶、偷、賣、轉移、走私一應具全，負責處理接收事宜的「日產處理委員會」，把石油、電力、鋁業、糖業、肥料、鹼業、鹽業、機械等大產業變成了「國營企業」，銀行、人壽保險、產業保險、菸酒專賣局、樟腦局、交通、水泥、紙業、農林、公礦等產業則變成了「省營企業」，日本帝國為了達成台灣工業化及南進基地化的目標，幾乎是為中國官兵掠奪做了最系統化的準備。

月底時在台日本人被遣返數已經高達四十四萬人以上，超過九成五的日本人都已歸國，而國府派來台灣之官兵與親眷不過三萬餘人，在第二季產米量已恢復正常的情形下，台灣卻爆發嚴重的糧荒，餓死人已成常態。

面對白米價格暴漲，行政長官公署成立「糧食調劑委員會」後召集地方人士，卻僅是要地方自行設法解決，糖、鹽等民生必需品也巨量漲價，民眾欲工作掙取維生的收入，可以賺錢的產業卻全被專賣局給搶去專賣，由國民黨控制的農會系統對農民送來的白米秤斤更只會秤少不會秤多。

對於饑荒的爆發，行政長官公署卻是見獵心喜，以此名義逕自向聯合國善後救濟總署索取百萬包麵粉，但實際運入台灣的麵粉僅有十萬包，其餘都被官員拿去販售圖利；聯合國給予台灣協助糧食增產的二十四萬噸肥料，運到中國上海再轉運到台灣的時候只剩十三萬噸，最終僅有一萬噸被以高於情價一倍的價格賣給台灣農民投入糧食生產。

此時的台灣，恰如大唐帝國詩人皮日休的詩作〈橡媼嘆〉所述，辛勤的人民在富饒的島嶼上「山前有熟稻，紫穗襲人香。細穫又精舂，粒粒如玉璠」，面對政府時「持之納於官，私室無倉箱」，懷疑為何「如何一石餘，只作五斗量」，後來才明白行政長官公署的官僚各個「狡吏不畏刑，貪官不避贓」。

恰如中國歷代王朝中糧食被暴斂入官府，糧食在官倉甚至官府裡腐爛為泥土，為耕種勞累流汗的廣大農民卻不得食，這樣的悲情劇本又隨著國民黨來到台灣，儘管專賣局南北各有首長被檢舉貪污，面對人民的反彈，行政長官公署的軍警也僅是包圍並以機槍掃射回應。

新科的縣市參議員和省參議員中，不乏敢於挺身而出、盡責揭發時弊的代議士，新聞界也有不畏強權的報社老闆和記者，但中國官兵有槍砲在手，又視法制規矩為無物，並未因受監督而有所收斂。

曾經在日本殖民時代「路不拾遺，夜不閉戶」的台灣早已無當年光景，如湖面平靜般的台灣庶民社會，在中國官兵化身為一顆又一顆的巨石投入湖中後，一切凌亂不堪。

Ch.3山雨欲來風滿樓

01.

一九四六年六月二十八日，馬公鎮火燒坪。

一切都像是往桶裡不斷填充火藥，本以為聽見昭和天皇的玉音放送後，終於不用再忍受被與自己無關的戰爭牽連，但行政長官公署成天拿反共的名義，硬生生的又把台灣人民拖入一場不屬於自己的戰爭中。

上個月中，美國特使馬歇爾上將黯然離開了中國東北，他發現原先自己調停時達成的目標全都被瓦解，戰事一發不可收拾，只能設法把戰火控制在東北方不要蔓延開來，在國民黨與共產黨互有勝敗之際，馬歇爾再次斡旋才讓雙方再次達成了停火協議，然而到停火期限結束時談判仍未達成共識，雙方的軍事衝突因而未有停歇。

被動員支援日本投入世界大戰，作為「帝國的南方鎖鑰」已讓澎湖人十分疲憊，國民黨在接收後的高壓統治又帶來截然不同的社會運作模式，更讓人民倍感無所適從。

台灣銀行被行政長官公署接收開始發行台幣，在濫印台幣應付財政支出的情況下，通貨膨脹越發地嚴重，腐敗中國榨取原本富裕的台灣，失序的經濟逐步邁向崩潰的邊緣。

由於行政長官公署不注重衛生問題，台南霍亂蔓延百餘人染病，中國人從福州帶來的鼠疫在淡水爆發；傲慢的官僚在言談中慣性的羞辱台灣人，也引爆民眾包圍省參議會的大規模衝突，農民與地主的租賃糾紛也因警察局長接受地主賄賂而動用警察大隊介入對農民施壓。

對於澎湖人來說，自從日本殖民結束後，需要司法裁量評判的事都變得相當麻煩，自從中華民國展開軍事占領，澎湖縣訴訟案件被歸在高雄地方法院管轄，訴訟當事人遇到案件都必須遠赴高雄往返渡海來出庭應訊。

剛從高雄開庭結束回來的嚴政人十分不滿，不明所以的盧鑫直問著訴訟過程究竟發生了什麼事。

「阿人兄，是怎麼了啊？」盧鑫問道：「是敗訴嗎？」

「中國豬啦！」嚴政人氣急敗壞地痛罵著。

余臺好奇的問：「又被賄賂喔？」

「不是，」嚴政人解釋道：「那個江西來的檢察官在偵訊的時候說，說他們中國人就是派來管台灣人的，說台灣人不能決定房舍要不要拆，就由他們中國人來決定。」

眾人一聽，相當震驚。

「說島民就是要中國人來管一管，」嚴政人看著一行人問：「這話你們聽得下去？」

大家紛紛搖頭，氣憤的王贊乙還爆了幾聲粗口。

趙文邦聳了聳肩嘆：「無法無天了。」

「不行啦，我們需要做點什麼，」王贊乙說：「要教訓一下這些中國官。」

「啊……是要做什麼？」余臺撇著頭問。

「嗯……」嚴政人沉默了一會兒後說：「我想到了，今天晚餐時間過後來我家，敢的人再來，會說溜嘴的不要跟。」

眾人就此散去，各自回到家中晚餐，思考著嚴政人所說的話。直到晚餐過後，王贊乙先到了嚴政人家中，而掛心著少年仔們安危的趙文邦隨後也到。

嚴政人拎著兩桶紅漆，給了王贊乙和趙文邦一人一把刷子。

「是要寫在哪邊？」趙文邦見過一眼，就知道嚴政人的心思。

「寫在……那些中國官會出入的地方。」嚴政人想了想後答道。

「啊是要寫什麼？」王贊乙問著。

「嗯……就寫……」嚴政人想了想：「就寫……『中國官，吳志中，滾回去』，寫這九個字就好。」

就這樣，三人為求謹慎，選擇集體行動，這是他們第一次用具體行動反抗政府。

在馬公鎮的鎮中心一帶，他們拎著紅漆，以步行的方式，尋了五、六處寫下抗議的字樣，全都在中國官兵白天時必會經過之處，經過縣政府前時趙文邦心裡感嘆著，曾經自己還能與日本人知事一起商討如何治理地方，現在這個由中國人宰制的環境，根本沒有可能。

這場反抗中國政府的夜襲行動，直到紅漆用盡，三人才各自回家。

02.

一九四六年七月，火燒坪宮前廣場。

多虧官僚的無能，讓馬公鎮一夜數處的紅漆案成為懸案。

警察局在接獲通報後，直能立即派員洗除字樣，雖然急跳腳，卻無力揪出犯下此行的人，索性不向上級報告，粉飾太平度日。趙文邦與嚴政人、王贊乙三人此後絕口不提紅漆一事，而少年仔們雖心有猜測，卻從沒有說出口問。

然而，小小的反抗雖抒發了不滿之情，仍無法阻擋崩壞的大勢。

上月底，台灣東部一場暴風雨造成了慘重的災情，對外通信與交通都被斷絕，但行政長官公署的心思不在處理災情上頭，只想著如何緊縮對社會的掌控，以利五鬼搬運的事業；電影審查制度被推出後，中國官兵將手伸進了人民日常的娛樂，連生活中最後讓心安歇之處都被政府攪亂，越來越多看見紅漆抗議字樣的澎湖人心裡默默把寫下的人視為無名的反抗英雄。

對於多數台灣人來說，戰後的家園並未真正重建，反倒是不斷地在解體。

本來終戰之時，台灣五個還在運作的水泥場除了能滿足自身需求，還能供應中國全部的重建計畫，但行政長官公署只因把台灣的煤賣到上海或香港更有利可圖，可以討價還價得到中國現金並用來進口奢侈品與投機炒作外幣，於是無心經營。

發展糖業的經費被用來重建糖廠鐵路與修復一些煉糖廠，只因為這些糖廠鐵路載送旅客可「有立刻的收益又無行政上的問題」，卻拒絕付給蔗農足夠的價錢，導致甘蔗幾乎停止種植。

行政長官公署以盟軍的轟炸為藉口，不停地說要重建工廠，所做所為卻只是加速各產業的解體；這些日子裡頭，生活水準提高的只有那些中國官員，來到台灣之初的衣衫襤褸如今變成光鮮亮麗，而早已深受啟蒙與進步的台灣人民卻一日日變窮。

疾病的問題更讓社會人心惶惶，霍亂流行之猖獗，在台灣南部地區已造成三百餘人死亡，還蔓延到了宜蘭。

當政令宣導中不停宣告台灣區日本戰犯在上海遭國府判決一事時，行政長官公署並不知道，民間對於高壓外來政權的仇恨已如星星之火，在同時擁有重工業與大量學生人口的南台灣已有地下領袖開始計畫革命，準備以反抗行動來抵抗。

完全錯誤的統治，加上前所未有的經濟控制，造成多數台灣人謀生更加困難，行政長官公署的行徑每每添加民間對政府的仇視，知識分子也開始呼籲聯合國收回台灣管理，然而對此，陳儀的回應卻是公開謊稱「台灣絕無官僚本存在」，並稱嚴禁公務員的商業行為。

一海之隔的澎湖，與台灣島有著同樣的情緒氛圍。

王贊乙在傍晚時急忙找趙文邦與嚴政人二人，相約在火燒坪宮前的廣場，拜過朱府王爺的三人步行到附近的田間。

「乙啊，找我們什麼事？」趙文邦問著。

王贊乙沒有答話，只是緊張兮兮地四處張望，嚴政人見此便跟著左顧右盼，三人很有默契地確認了周圍沒有其他閒雜人等，這時王贊乙才悄悄從布包裡緩緩的拿出一把手槍。

趙文邦與嚴政人都嚇了一跳，但都沒有出聲。

「我爸爸他……今天下午被中國兵抓了，」王贊乙冷靜地說著：「早上的時候，他將這把槍交給我，也教我怎麼使用，要我保護家人。」

趙文邦震驚之餘，想著該如何營救：「贊乙啊，我們該怎麼把你父親保出來？」

「不，他有交代我過，如果他被抓了，不要去救他，要保全家人，不能再與他有牽連，」王贊乙語帶哽咽的說著：「我媽媽不識字，爸爸現在被抓了，家中經濟就會有困難，所以我會帶著媽媽跟弟弟、妹妹們去找我伯父，在那安頓下來。」

「這樣妥當嗎？要不要我幫忙想想辦法？」趙文邦看見了王贊乙的堅強，內心卻萬般不捨。

「不要緊的，我已經帶家人到金龜頭那裡住下了，白天我會在雜貨店，」王贊乙嘆了一口大氣：「我是要讓你們知道，我們有了第一把槍……但希望永遠都不會用到。」

嚴政人握緊了拳頭，一語不發，只是狠狠地搥了身旁的菜宅幾拳。

突然間，他們聽到田間似乎有人走過的聲音，王贊乙立刻將手槍收入布包中，趙文邦聽到幾枚子彈掉落，於是低下頭拾起，而腳步聲的逼近迫使三人馬上分頭跑散開。

帶著子彈回到家中的趙文邦，找了個信封將子彈收好。

隔天上午，他帶著裝有子彈的信封前去金龜頭，找尋到了王家的雜貨店，一心急著想把子彈還給王贊乙的趙文邦進到雜貨店中便四處張望提防著。

「先生，你找什麼嗎？」一個賣彈珠汽水的清秀女孩問著趙文邦。

「嗯……贊乙在嗎？」趙文邦抬頭答道，那一瞬間，他的視線定格在女孩身上。

「他出去送貨了。」女孩答道。

趙文邦愣著，沒有反應，女孩見到這滑稽的一幕，忍不住笑了出來，複誦了一次自己的答覆。

「欸……他出去送貨了。」女孩笑著說。

「喔喔…呃……」趙文邦回過神，掂了掂手中的信封，想到裡頭裝著的是子彈，不好讓女孩知道，於是便準備把信封收入口袋。

「文邦啊，你怎麼來了？」王贊乙的聲音適時地從門口傳來。

趙文邦轉過身，迅速的從口袋抽出信封，向王贊乙使著眼神到：「昨天你來我家，東西忘了拿走，還要我給你送來，真是的！」

王贊乙看見了趙文邦的眼神，笑著邊拍腦門邊收下信封，接過手的那一刻就知道裡頭裝著的是子彈。

「最近累啊，忘東忘西的，」王贊乙笑著說：「欸，對了，還沒給你介紹，這位是我堂妹，木莉！」

賣彈珠汽水的清秀女孩對趙文邦揮了揮手笑著。

「你好，」趙文邦禮貌的點著頭：「我是趙文邦。」

王贊乙見二人打過招呼後，便作勢帶趙文邦走出雜貨店，並在他的耳邊輕聲地道謝。

王木莉見趙文邦準備離去，從籃中拿了瓶彈珠汽水，靦腆的遞給了趙文邦，婉拒了他準備付錢的動作，笑說自己要請客。

03.

一九四六年八月三十一日，被失業浪潮拍打的馬公港。

盛夏艷陽，以往總讓辛勤的勞動者落下汗水，但此時的澎湖烈日不變，勞動者們卻接連的失業，比起台灣島的狀況，澎湖的失業潮更為嚴峻，嚴政人、盧鑫和余臺也都因為店家倒閉而丟了工作。

失業潮帶來的緊縮，趙文邦便不那麼需要分攤家中的生意，王贊乙在雜貨店送貨的工作也從一日三送淪為三日一送；無所適從的一行人，把閒下來的時間都投入了巡邏工作，結束了巡邏後便齊聚在馬公港旁閒聊。

「上午我聽收音機報新聞，霍亂現在很嚴重，布袋那邊死了八十幾個人，台南五百多人染病，蔓延到宜蘭後已經感染到了台北郊外，大家這段時間巡邏，也要多留意公共衛生的問題，提醒老大人們。」趙文邦對一行人交代著

「鳥日子，行政長官公署不把衛生弄好，只會禁這個、禁那個，日本唱片不給聽，新聞雜誌

沒有被許可的全部都要停刊，正經事都不做。」余臺嘆著氣，大罵：「爛兵、爛官！」

不遠處，賴忠郃、王邁華、劉出民、陳國刓四人正好經過馬公港，見趙文邦一行人便上前搭話，王贊乙與嚴政人毫不掩飾自己的不屑。

「不覺得劃分糧食區很蠢嗎？現在南部稻米好不容易豐收，結果不能越區販賣，這樣怎麼平衡？」盧鑫沒有察覺到王贊乙與嚴政人散發的敵意，自顧自的繼續聊著前頭的話題。

「長官公署這樣做自然是有他們的考量的。」賴忠郃笑著說。

「考量什麼？考量……怎麼把八千噸砂糖，劫去上海賣吧？」王贊乙忍不住回嘴：「什麼管制是假的，一心斂財是真的。」

「沒有什麼都管制啊，煤炭管制月中不就解除了，現在台灣島內都可以自由買賣啊。」王邁華雙手一攤回道。

「這些人喔……貪婪沒有個底啦，連他們的自己人都會被坑，看看台北縣教員連續三個月都拿不到月俸了，」嚴政人鄙視的說：「想當中國人要想清楚啊，不太划算喔。」

「貪瀆的問題，國府是會嚴辦的，軍政部台灣區馬德尊少將不就因為貪瀆被槍斃了？」劉出民加入了論戰。

「做做樣子吧？」余臺也加入論戰道：「中國人的槍，多半還是開在台灣人身上，人家新營……看個野台戲，警察都敢持槍驅散，實在莫名其妙。」

「好了好了，」一旁的陳國刋笑道：「你們這麼有想法，就去參與競選啊，人家林宗賢、林獻堂都懂得去參加台灣省國民參政員補選，現在選上了不就能發表自己的想法嗎？」

「發表自己的想法，就只有選上的人可以？自由呢？」趙文邦質疑著：「國民政府光是非法片面改我們的國籍，英國駐華大使館、美國國務院都出來講話了，和平條約都還沒締結，台灣人依法還有日本國籍，去參與中國選舉不會名不正言不順？」

「少講那一套，台灣都光復了，」賴忠郃大笑道：「看看人家林獻堂、丘念臺帶著一幫仕紳組成台灣光復致敬團，都去上海向國民政府致謝，感謝將台灣重新納為中國領土，現在十月二十五日也要被定為光復節了。」

王邁華接著賴忠郃的話說：「人家就懂得這樣配合，才能面見蔣主席跟白崇禧、何應欽這些大將軍，報告台灣近況，乞求國民政府相助，這才是做實事。」

嚴政人突然間扯開嗓門大笑：「醒醒吧，見這一面花了多少錢？五千萬法幣啊！值嗎？拿五千萬法幣在台灣做民生、做建設不是更好？」

「說什麼自己是炎黃子孫，連黃帝陵都拜不成，只能到耀縣遙祭，」王贊乙附和道：「國民政府連共產黨都擺平不了，人家泥菩薩整尊泡在滾滾江水裡了，還相助咧！」

「說實話，是台灣在幫助國民政府吧？」趙文邦搖著頭道：「配撥軍糈、田賦征實，取這些好聽名字，實際上，就是不停找理由，把台灣民間的米給搶光送去中國。」

惱羞成怒的劉出民叫住了賴忠部、王邁華、陳國刋，四人轉身拂袖而去。

04.

一九四六年十月，澎湖神社。

這是充滿衝擊的一天，許多民眾圍觀在澎湖神社外頭，因為縣政府今天要將神社拆毀。

行政長官公署「中國化、去日本化」的政策加強了貫徹的力度，雖然行政院已宣布嫁本國民的日本女性無論戰前戰後皆不必遣送返國，但各中等學校被禁止使用日語及學生在校穿木屐、日本姓名與報紙雜誌日文版也都被廢止禁用；國民黨主導的台灣憲政協進會發起台灣新生活運動，開始宣傳中國文化道統的思想。

澎湖神社作為信仰中心，儘管民間在日本殖民時代並未停止祭拜唐山來的神祇，也保有祭祖文化，但對於奉行中國本位觀點的政府當局來說，神社仍如眼中釘一般的存在。縣政府計畫好拆毀日本社殿後，要就地興建起中國式建築的澎湖忠烈祠。

神社的信眾圍在外頭，想哭卻不敢出聲，生怕又被警察安上罪名逮捕。拆除的過程中，也不乏仇日者的掌聲，陳國䢖一行人更是大聲叫好，他們盼望將日本文化一掃而空的目標終於實現。

從本殿、小鳥居、拜殿開始一路拆到手洗舍與涼亭，開始有人搬走了石燈籠和留下的一座大砲基座，劉出民與賴忠部二人甚至自告奮勇的上前協助拆除作業，用著相當戲謔的方式藉拆除之名大搞破壞。

趙文邦看著這些對中國政權大拍馬屁的傢伙，突然想起王邁華等人在馬公港邊所說，好奇如果這些人知道林獻堂在中國被逮捕的事，又會有怎樣的一番說詞。

嚴政人嘲諷地碎著嘴：「這些貪官！就搞破壞的時候特別精明！」

盧鑫和余臺默默地點了頭。

王贊乙跟著感嘆道：「新竹惡性瘧疾都兩千五百餘人感染了，前些日子的強烈颱風侵襲也弄得各地面目全非，真不知道拆這神社有什麼好急的？」

「當然急了，蔣中正夫婦都來台灣了，」嚴政人指著被拆除中的神社說：「總督府都成了介壽館了，現在就是要趕緊把台灣人都變成中國人啊。」

「弄不懂這蔣中正生日有什麼好慶祝，全台灣的建設百廢待舉，這些不做，砸大錢去建館，實在荒唐。」王贊乙白了眼。

「六十大壽吶，林獻堂還獻金50萬元祝壽咧。」趙文邦聳了聳肩。

「沒聽陳儀說政府最緊要任務，就是『使台胞中國化』，說什麼寬大仁愛是中國人長處？」

嚴政人繼續嘲諷著：「這下可好，大家要當地道的中國人，以後我們做事也得跟他們一個樣的隨便了。」

一行人莞爾地苦笑起來。

國民黨政權的荒唐，反應在應對許多事的態度上，逢迎拍馬把蔣中正捧成皇帝這種事搶著做，抹除日本留在台灣的文化這類事也搶著做，劫收近萬噸台灣煤炭輸往中國青島、收換台幣及接收日治下的儲蓄銀行通通搶著做；但行政長官公署專賣、貿易兩位局長嚴重貪污舞弊案，卻僅是遭免職處分，重拿輕放。

自失業潮起後這兩個月裡頭，對於趙文邦這一行少年仔來說，唯一稱得上好事的事，就是墜入愛河的趙文邦與王木莉結了婚。

05.

一九四六年十一月，北甲宮旁牛肉麵館。

北甲宮旁半個月前新開了間牛肉麵館，趙文邦一行人在余臺的邀約下前來嘗鮮。

「欸，怎麼……趙太太沒來？」余臺見文邦隻身一人捧著一大包鈔票，有些好奇地問。

「木莉她信佛教，不吃牛，嘿嘿。」趙文邦竊笑著，婚後的他減少了與同伴們相聚的時間，因此格外珍惜，左顧右盼了會後問：「政人兄呢？怎麼沒看到人？」

盧鑫攤著手：「沒辦法，他說他不吃外省人開的店。」

趙文邦聳了聳肩，準備示意入店內時，瞧見王贊乙跑了過來。

「你們家不是都拜佛的嗎？能吃牛肉？」余臺笑著問王贊乙。

王贊乙喘了幾口氣，才挺起身來笑答：「別讓我媽知道就好，我相信菩薩會原諒我的。」

就這樣，一行人進到了麵館裡頭，各自點了餐。

見大家都拿完小菜後，趙文邦起身將大包鈔票拎到老闆娘面前，自從國民黨為了應付財政支出隨意印刷通貨鈔票後便有了先付帳的習慣；通貨膨脹加上因支援戰爭導致的物質匱乏、總體生產力大幅倒退，經濟上惡性通貨膨脹的後果是物價一日二市，點麵若不先付錢沒準吃完結帳是另個價格了，此時的人們經常感嘆「錢不值錢」。

接過趙文邦滿包鈔票的老闆娘，抓了一把起來端詳了會。

「不好意思啊，總得瞧一瞧，前些天政府才抓到上千萬元的偽造台幣。」老闆娘有些靦腆地對著趙文邦說。

「不要緊，我理解。」趙文邦禮貌地答道。

確認鈔票沒問題的老闆娘將布包內的鈔票倒入櫃中後，便把布包還給了趙文邦，感嘆著這些天什麼都出現了偽造品，行政長官公署調漲八成鐵路運費後就有集團偽造金額數百萬元的鐵路乘車票，搞的現在買賣雙方都互相猜忌。

結完帳，趙文邦回到了桌上，瞧見桌上的報紙便拿起來一讀。

報紙裡頭正刊載著對於台灣省商會聯合會代表團前往南京向國民大會請願建議改革的評論，也記錄了月中召開的制憲國民大會，在國民黨、青年黨及民主社會黨共1700多名代表的參與下，正在制定新憲法的相關消息。

不一會兒，老闆娘端著熱騰騰的牛肉麵送上桌來。

貪嘴的余臺本想直接拿起筷子開動，卻被起身的王贊乙制止，王贊乙轉過身從台邊拿了塊抹布，邊擦邊說著：「在外頭吃東西啊，現在桌子都要擦一擦，衛生要顧，如今霍亂流行猖獗，連台北都蔓延開來了。」

煮完麵的老闆娘從口音聽出了這些年輕小夥子是本省籍的，見手邊也沒要事，便與客人聊起天來。

「年輕人啊，怎麼想來我這小館子吃麵呐？」老闆娘問著。

一行人面面相覷了會，余臺才有些傻呼呼的笑著說自己愛吃新鮮玩意兒，知道麵館開了便約大夥一道來。

「謝謝啊，」老闆娘誠懇的笑著：「難得還願意來我們這外省人開的小館子賞光。」

「麵很好吃啊，」王贊乙邊吃邊說著：「是說老闆娘怎麼來到我們這裡呢？」

老闆娘長嘆了一口氣，說出了自己是隨擔任公務員的丈夫而來，但政府支薪也不那麼穩定，所以開個麵館多少賺點零花錢。

「其實妳們外省來的，也是……很辛苦啦，」趙文邦聳著肩說：「我們也知道，不是所有外省人都那麼壞。」

「我們這些……**外省人啊**……恐怕是真壞啊，」老闆娘苦笑著說：「其實我跟我丈夫都是打算，大陸那邊是亂成一團了，台灣給日本人建設得不錯，總希望孩子能在好地方長大。」

一行人邊聊著天邊吃著麵。

「其實外省人自己都很欺負外省人，犯案拒捕的警局督察夥同十個警察打死正在執行任務的法警，」老闆娘搖了搖頭：「打死法警還拘留其他人，法官、檢察官都已經同意保釋了還不放人，比古代衙門都不如。」

聽老闆娘所說，大夥紛紛嘆起氣來。

「現在國民黨省黨部說什麼要黨化新台灣的環境，我就頭疼了，好不容易跟丈夫來到台灣就是不想待在大陸，結果政府又把台灣變成了大陸的德行，」老闆娘突然啜泣：「我跟我兒子說了，以後絕不去考赴中國公費留學生，也不准參加全省高等考試，最好跟這政府別扯上任何關係。」

06.

一九四六年十二月，台南運河。

常言戰爭是人類不理性的總和，而戰爭後的仇恨，往往是不理性的延伸。

面對日本侵略所產生的仇恨，國民黨派來的接收官員把恨都發洩在同為受害者的台灣人身上，加上壓迫與生活上的衝擊，此時已發生了幾起台灣人報復的行動。

由於地理上的相近，澎湖與台南之間貨物流通自古頻繁，經常往返台南載運貨物的澎湖船家，與台南各卸貨處的商家皆有緊密的關係。行政長官公署對於統治台灣抱持著大陸地延伸的思維，在尚未意識到海關口的重要時，負責管理海關的幾乎都是各地的商行自主負擔，直到為了減少底層中國兵都運接收物出海，才開始從中國沿海徵調有經驗的海關長來到台灣，為各地增設臨檢處做準備。

因為時局的動盪，在台南西區運河上的海關是由角頭的流氓頭擔任。

這一天，海關流氓帶頭的大哥內心氣憤難平，與他自幼一起長大的堂哥，上週只是行經台中地方法院，本來是要為了日前發生的強烈震災尋求旅外縣市台南同鄉出錢協助，卻因為國民黨的軍警捉拿一名拒捕法警引爆的激烈槍戰中，被流彈擊中身亡，對於中國官兵持槍到處肇事，海關長的仇很已經到了臨界點。

運河上，來自澎湖的船隻如往地靠上了岸。

配著軍刀、帶著一批流氓，怒火難平的大哥對著船長吆喝著問：「船上有沒有載十二號？」

代班的新手船長不明白海關長的意思，於是反問著：「大人啊，十二號是什麼？歹勢我是新來的！」

「十二號是什麼？」大哥身旁的小流氓複誦了問題，岸上一陣哄堂大笑。

「少年家，生肖裡面排行十二的是什麼？是什麼？豬啊！」大哥身旁的小流氓邊笑著邊解釋：「我們老大是問你，船上有沒有載中國豬啊？」

代班的新手船長搖了搖頭，事實上，他是到開船前才被調來支援，對於船上的一切一無所知。

當船身靠岸停妥後，角頭流氓們上船搜了一圈，就在搜查近乎完成時，一個小流氓在廁所裡發現了一個廈門人躲在裡頭。

「老大，中國豬啊！」小流氓大喊：「躲在廁所裡的中國豬啊！」

聽見小流氓的大喊，老大心中的仇恨爆發了出來，帶著小流氓們拿著扁擔，活活把廈門人給打死在船上，屍體直往運河裡扔。

幾日過後，警備總司令部新成立的軍官團，在夜半時分帶著憲兵部隊直闖盧鑫的表哥家中，吵雜的聲響與不停咒罵人的外省口音讓住在對街的盧鑫驚醒過來，瞧見中國官兵的大陣仗，盧鑫只敢躲在窗邊偷瞄。

眼睜睜看著自己的表哥半夜被矇眼、銬手抓走，嚇壞了的盧鑫在中國官兵押人離去後，跑到養生堂叫醒了趙文邦；聽過事態後的趙文邦從家中拿了以前跟日本做生意時日商送的一些擺設，與盧鑫一同感到警察局，經過層層賄賂之後，才得知原來盧鑫的表哥被以「意圖叛亂」收押。

收賄的警察告訴他們，警備總司令部在查日前一位廈門籍的海關長被殺害棄屍於台南運河的事，由於在搜查時找到一張盧鑫表哥在台南海關口與台南友人的合照，所以盧鑫的表哥被「請來協助辦案」。

心急的盧鑫想見表哥一面，卻被告知要三日後才會准，這段時間表哥只能被收押禁見。

爭執到天亮後，盧鑫知道無法改變警察的態度，於是在趙文邦的陪同之下回到表哥家中，而見到盧鑫上門的表姐立刻痛哭失聲，他們一家的經濟的來源是表哥在跑船辛苦所掙的微薄收入，現在表哥被抓，家裡馬上就陷入困頓。

直到三日後，警察准見，盧鑫才到監獄見到被刑求得不成人形的表哥，表哥壓低著嗓用日語對盧鑫說，警察刑求逼供手法非常殘酷，他的指甲被拔、生殖器一再被猛踹、不停地灌辣椒水，他交代盧鑫去跟自己的女友說「別再等了，趕快找個人去結婚」，也求盧鑫下次帶一包針來給他。

從監獄回來的盧鑫近乎崩潰，他向趙文邦求助，他不願表哥就這樣自殺而死，也不捨見他一再受苦難，趙文邦向父親說明了事情來龍去脈後，父親便從塵封許久的保險櫃中拿出了小金條交給他們，要他們去警察局把人保出來。

終於，多虧中國官的腐敗，金條贖回了盧鑫表哥的自由。

接盧鑫表哥回家的路上，趙秀雄帶了些牛奶到盧鑫表哥的家中，他說這些是美國送給學生的牛奶，一些同學聽他說盧鑫表哥的事後都自願把牛奶捐給他們，希望盧鑫的表哥趕快康復起來。

然而，盧鑫的表哥雖離開的監獄，警總從來沒有停止壓迫，在此後的日子裡頭，他每找到一份工作沒多久便有警察上門質問老闆為何任用叛亂份子，不堪警察威脅的老闆都只能請他離職，悲憤交加的表哥後來上吊自盡。

盧鑫在從往監獄把表哥接出的路上便對趙文邦說，自己這一生都不想再拍任何一張照片了。

07.

一九四七年一月，面目全非的台灣。

名為「民怨」的火藥越塞越飽和。

煮飯，曾經是人民的日常，但行政長官公署把在台灣接收三百五十萬箱火柴運往中國牟利造成了火柴荒，起火難了、揮霍無度行政長官公署命台灣銀行大量發行千元與萬元本票，米糧在短短不到兩年的時間飆漲了四百倍，即使政府暫行停止內地公務人員和商業的匯款，嚴重的通貨膨脹早已造成民不聊生與生靈塗炭；民間開始流傳一句話，「日本時代還有米吃，祖國來了反而沒有米吃」。

台灣，不再是富饒的台灣。

行政長官公署對公共衛生缺乏觀念，即使教育處發布種牛痘的公報、衛生局編定預防注射表，絕跡多年的天花與霍亂，早已流行猖獗、四處蔓延，疾病擴散的速度之快，一個月之內台中、高雄、嘉義、屏東、大台北、台東與新港全面淪陷。

台灣，不再是健康的台灣。

行政長官公署將台灣的土地稅提高百分之三十引起巨大民怨，台北街頭超過一萬多名學生響應大陸學生的「反美抗暴運動」，各地都有反對政府的集會行動，希望向行政長官公署表達心聲與訴求，但一律都被警方視為動亂而以武力鎮壓。

台灣，不再是自由的台灣。

陳儀宣布「新憲法不能適用於台灣」，否定台灣人自治權利；行政長官公署下令裁減兩成機關員工，藉此用來安插新統治者人員。

台灣，不再是台灣人的台灣。

人民日子愈來愈歹過，百姓逐家頭犁犁，一隻牛被剝兩層皮，官員勾結好野人來欺負古意人，辛苦了歸落冬最後皆是白了工，唐山來的兵仔啥都未曉最會就是賭博，羅漢腳仔與地方角頭也打得糜糜卯卯，遇到問題靠政府無效不如義民自己出來喬。

這段時間民間一直有人說，**濁水溪若清革命就欲來發生，欺人太甚就是逼著百姓出來拼。**

08.

一九四七年一月，呼喊中的福爾摩沙。

亞當・傑森・史密斯十分疲累地回到自己下榻的旅館，身為聯合國善後救濟總署的工業重建官員，到台灣各地所看到的慘狀讓他倍感壓力，他知道這些來自中國的官兵都把總署當作搖錢樹，卻又無法在面對悲慘的台灣人民時別過頭，歐洲人所說的福爾摩沙怎麼會變成這樣，他總是困惑著。

長廊間，一陣吵鬧，吸引了正準備走回房間的亞當注目。

一群來自中國的軍人身旁有著幾個女孩子，出於禮貌與身分，他禮貌地向軍人打招呼，並說自己準備拿行李辦退房。沒想到，他話剛說完，長廊裡所有的女性都面露驚惶，感到意外的亞當叫來了自己的翻譯，表明自己決定更改行程，要在此住下一夜。

亞當的心裡隱約感覺到，那些女性並非自願地待在軍人身旁，在他說出要住下後，他的翻譯才湊到他耳邊說，中國軍人本來是要帶這些女孩回去「睡覺」的，但帶頭的將領遇到亞當便改變主意，在那時亞當就確知，這些中國軍人四處在燒殺掠奪，台灣女人也面臨著被中國軍人強暴的威脅。

回到住房之後，陸續有人到亞當的房間來訴苦，一個個哭紅雙眼而充滿悲傷的女人指控著軍人的卑鄙行徑，也感謝著亞當的出現拯救了人命，亞當這才得知稍早旅館老闆勸說中國軍人時被當場槍殺的事，離開亞當房間的女人們在隔壁房間不斷交談至深夜。

然而，就在亞當離開該旅館的當晚，旅館便被穿甲彈掃射。

帶著沉重的心情，亞當帶著翻譯與助理一同前往澎湖，準備了解台灣離島的醫療狀況。他準備拜訪澎湖醫院一位醫師和三名護士，但來到澎湖後他很快感受到恐懼，因為他知道中國官兵裡頭有著大量文盲，擔心無法辨識聯合國善後救濟總署旗幟的中國官兵可能會找他麻煩。

冒險平安到達醫院後，亞當一行人順利見到了三名護士後，完成了調查後，亞當順口說起了前一日目睹強暴威脅的情景，讓他頭皮發麻的事是，這些護士告訴他那些見聞對人們來說已是日常，**這些中國兵把島嶼當作免費的妓女院**，抵抗不從者家中的老人甚至會被砍殺，還聽說中國兵會偷搶醫院的痲藥，將落單的女孩子抓去軍營強姦，被強姦完之後再用船隻載往中國。

正當護士們對亞當揭漏殘酷的真相時，有民眾認出了聯合國善後救濟總署的旗幟，突然間蜂擁上前的民眾們爭相對亞當與他的助理們訴說自己的痛苦遭遇，不斷的陳情引起了幾個正巧在醫院就診的中國官兵的注意。

見到中國官兵走來，群眾散去，帶頭的軍官開始向亞當說明，指稱整個台灣社會現在的動亂，是日本遺留的浪人與共產黨同謀者所製造，強調民眾很多是受了共產黨的陰謀言論影響。讓亞當意外的事是，居然在中國官兵中，還有會說英文的將領。

無法忍受荒唐說詞的亞當質問起中國軍官：「日本浪人?當初美國第七艦隊載著你們這些中國士兵到基隆、到高雄的時候，你們的軍官還不停乞求美軍穿過狹窄的山谷查看，堅持說仍有不死心的日軍潛伏在山中，結果根本沒有，你們的士兵還是被美軍趕上岸的！」

「您要相信我們官方的調查，現在台灣已經是中國的一部分，我們必需要……」軍官嘗試辯駁。

「抱歉，台灣是中國的一部分？」亞當搖了搖頭：「中華民國是盟軍指派來佔領並管理台灣島，你的中華民國政府扮演的是盟軍代理人的角色，這點並沒有改變。」

中國軍官被亞當說得啞口無言，惱羞成怒下便下令士兵掏出槍，將亞當強行押走，帶到船上送回台灣。

09.

一九四七年二月三日，台北街頭。

「我們要米糧，我們要吃飯！」上千名民眾聚集在台北遊行示威高呼著。

月初，行政長官公署、地主及糧商開座談會要求共同抑制米價，糧食局隨後拋售五萬噸米，米價持續被哄抬之下，民間展開自主組織台灣民眾發起反對抬高米價行動團散發傳單抗議，但台灣的米穀仍被大量運往中國造成飛漲情勢惡化。

台灣石炭被行政長官公署以每噸一千兩百元徵收後再以一萬元轉賣到上海，電費被調漲一倍，沒收日產無視人民抗議依然被拍賣，台北公車員工因為松人停車場司機和檢票員遭二十餘名中國兵毆打而發動了罷工，金融業休業、食糧價越來越貴，台灣各地隨處可見僵斃於路上的餓莩，高雄的路旁凍死骨、花蓮自縊的一家三口，報紙上成天是餓死人的新聞。

抗爭往往伴隨著饑荒而來，縱使不停宣稱自己的偉大中國擁有五千年的悠久歷史，來自中國軍事占領的陳儀與行政長官公署仍然未從歷史中記取教訓，橫徵暴斂、欺壓人民永遠都是為革命星火添柴的定律。

飢腸轆轆的憤怒群眾抗爭越來越強烈，行政長官陳儀發表了物價管制的緊急措施希望平息怒火，並宣布公布貨物輸出入限制辦法及全省鐵路開始免除糧食搬運費至三月底，同時派遣特派員至各地勸告大糧戶上納餘糧。

妄想以紙包火、一心粉飾太平的陳儀，一面隱瞞事實召開記者會否認通貨澎脹，一面在台北市實施米配給。

台灣人民的失望與不滿到達了臨界點，民間痛斥著「狗去豬來」，訴說著日本這條狗雖然兇狠且吵鬧，但做條看門狗還是能發揮作用，然而中國這隻豬卻只會吃而不做事。

但陳儀並不把民間抗爭放在心頭上，雖然美國宣布完全退出國共調停也開始在撤軍，但共產黨在中國落到了下風，就連長年以來的根據地延安眼看著不出一個月就將被中華民國軍隊攻下，回到中國開始享受接收時間所有帶走的財富，那樣的日子近在眼前了。

悲憤的台灣青年們，號召前往美國駐台領事館，遞交了一份致美國國務卿馬歇爾將軍的請願書，他們在請願書中向聯合國沉痛地陳述道，台灣已被中國人的不當統治蹧蹋地不像樣了，慘況前所未見。

這些悲憤的台灣青年痛斥開羅會議把台灣人推入「人間地獄」，指控與會者們對於台灣人此時此刻在苦難中掙扎都有責任。

請願書中也提到台灣人的國籍仍是一個懸案，在聯合國與日本簽定和平條約之前，台灣還未被歸還給中國，在這樣的情況下，台灣還有一線希望；青年們在請願書的最後請求聯合國幫助和友善地介入治理台灣，但命運的發展讓他們很快理解到事與願違。

即使媒體持續揭漏專賣局總局及各分局在接收時的舞弊情事，行政長官公署仍然大膽地計畫標售日產房屋，受衝擊的租用住民開始散發傳單抗議。隨後幾日，行政長官公署公布不限制石油與救濟物資的輸入、制頒了通行稅徵收辦法、取消了茶葉輸出的禁止令，陳儀所實施的經濟緊急措施方案一再致使民生經濟惡化凋敝。

二十五日，中華民國軍人在花蓮縣持槍強行佔用一輛巴士，司機憤而將巴士開離公路墜海，民間對於「祖國」的憤怒早已在心胸如燎原的野火般延燒著，而陳儀持續的無視，甚至在隔日開始在全島強制推行國語運動，社會的矛盾與絕望被激化到了臨界。

10.

一九四七年二月二十七日，台北市天馬茶房。

拜無能政府的政策所賜，販售私菸在台灣成了貧弱者最後求生的機會。

作為大台北知識份子的重要活動場所，天馬茶房不乏文人雅士於此群聚暢談，對於做小生意和販賣私菸為生的市井小民來說，天馬茶房這一帶是很適合擺攤的所在。

命運無情的帶走了林江邁的丈夫，出身貧苦人家的她嫁入龜山旺族後便與夫家一起經營茶葉行，但性倔的她不願回到鄉下過著被人在背後說三道四的生活，為了孩子們的生計，她在街頭賣起走私進口的美國香菸賺取微薄小利。

她如常的將頭髮往腦後梳一個小髻並插上一朵茉莉花讓香味淡淡飄散，一身簡單裁剪的旗袍雖然不華麗卻整齊清爽，縱然命運待她無情也不因此失了骨氣。

回到大稻埕騎樓下習慣擺攤的位置，看著人們來來去去，直到天色漸暗，週邊有些私販已陸陸續續回家，林江邁見路上仍有散客，其他多數私販的攤子也還擺著，心想就多待一會兒吧，能多掙點錢就多掙點，為了安撫了身旁吵著想回家的孩子，她撥了顆糖給孩子吃。

不遠處，一群警察模樣的男子走了過來，林江邁因低頭安撫著孩子而未有注意。

葉得根、鍾延洲、趙子健、劉超群、盛鐵夫、傅學通這六名專賣局緝私組查緝員，會同警察大隊分派的四名員警，帶著密報人陳朝濱展開搜查；早在中午時分，陳朝濱向專賣局密報說淡水港將走私半百多箱火柴、香菸，業務委員會第四組組長楊子才於是派員稽查，但一夥人抵達淡水時只查到五箱私菸，後來又收到密報說走私貨品已經轉到天馬茶房，知道此地是台北最大的私貨集中地，查緝人員與警察先到附近的小香園吃過晚餐後便在回程路上就近訪查。

「**警察來了！警察來了！**」一個攤販大喊，所有立即逃散。

林江邁心一驚，便起身要孩子趕緊把菸帶走，但來不及逃避的母子被查緝員攔截下來，五十條的香菸當場被警察從孩子手上搶走。

查緝員將林江邁所擁有的全數菸品與現款查扣沒收後，也連帶沒收了專賣局製的香菸，擔心生計受重擊的林江邁在警察與查緝員的包圍下，當場下跪。

「大人啊！大人啊！我們的生活已經很艱苦了，把錢跟合法的菸還我吧，那些我有繳稅的菸是我的啊……」跪地哀求的林江邁含淚喊道：「如果全部沒收的話，全家人就沒飯吃了，不然……至少把錢和專賣局製的香菸還給我吧……」

冷漠的查緝員不理會林江邁的請求，聽聞她哭喊的聲音讓許多圍觀的民眾紛紛加入求情，痛批官員不講理、高喊要留情。

痛哭失聲的她見官員無情，本能地纏抱了最近的查緝員葉得根。

不耐煩的葉得根一怒之下，高舉了槍，用槍柄狠狠的砸向了林江邁的腦門。

一時之間，林江邁的哭喊聲停止了，滿臉是血的她昏迷倒地，傷口血流如注。圍觀民眾目睹了這一切，全看傻了眼，怒火狂燒的人們氣憤地蜂擁而上，包圍追打起查緝員，他們憤怒地高聲喊打，六名查緝員見此立即棄車分頭逃逸。

儘管查緝員與警察逃竄，民眾仍然持續跟隨在後，沿路的叫囂吵鬧引起了更多好奇的市民開窗探頭觀看。

不斷被路人抱住的傅學通為求脫身，在永樂町一帶向著群眾開槍亂射示警，而在自宅觀看的少年陳文溪被子彈擊中了胸口，被槍響驚嚇的群眾間出現了空檔，查緝員與警察趁亂逃至永樂町派出所，一路追趕的數百名群眾到了永樂町派出所要求處理。

然而，派出所讓查緝員自後門逃離，並轉移至中山堂附近的警察總局。

專賣局業務委員會常務委員李炯支與業務會第四組組長楊子才得知消息後便趕往現場處理，見高官卡車抵達後，民眾試圖向前毆打，迫使李炯支、楊子才轉至臺北市警察總局，不過群眾也跟隨前往警察總局，苦找不到兇手的民眾更加憤怒，開始有人打破查緝員卡車的玻璃，將卡車推倒於道路旁後加以焚毀。

包圍警察總局的七百餘激憤群眾要求警方懲兇，此時天下起微微的細雨，卻熄不了人民心中的怒火。

「**交出肇事兇手！槍斃肇事兇手！**」群眾的怒吼此起彼落。

抗議者早就不滿過去專賣局查緝時造成的許多死傷，得知此起事件中又有緝菸傷人的累犯涉案，再也忍無可忍；耐不住群眾抗議聲浪，警察局派警官出面說明，李炯支和楊子才也向群眾表示將會懲辦查緝員，然而群眾仍持續要求交出肇事人。

「刑罪罰惡，律有明文，未予擅便答覆」，李炯支和楊子才二人對群眾解釋著。

但群眾不願買帳，李炯支和楊子才在不得已之下只好會同台北市警察局局長陳松堅，將六名查緝員送往憲兵隊看管。不接受官僚辭令的民眾認為警方試圖保護兇手，於是開始搜索警察局，但沒能見著兇手的身影，直到聽聞警察局人員說出六人被送往台北憲兵隊看管後，民眾便往憲兵隊包圍，持續要求交出兇手。

憲兵隊第四團團部被抗爭的群眾團團包圍，群眾開始高喊要求搜查犯人

憲兵團長張慕陶對於群眾要求並未正面回覆，反而要求憲兵做出射擊姿勢，驚嚇的群眾因而

躲進對街《臺灣新生報》報社騎樓，此時《中外日報》記者周傳枝向《臺灣新生報》代理主編吳金鍊借銅鑼敲打，一時群眾聲勢再起，短暫的雨停後群眾又再度包圍了憲兵隊。

群眾中部分的青年自發組成示威隊伍開始於街上通告晚上所發生的事情，部分民眾也開始要求《臺灣新生報》報社刊登此事，吳金鍊向群眾表示報社得到政長官公署宣傳委員會不得刊登事件消息的命令，無法配合群眾的要求，便有憤怒的民眾威脅要以汽油燒毀報社，見狀的吳金鍊趕緊轉請報社社長李萬居出面，直到李萬居表示同意刊登後，民眾才離開報社。

儘管憲兵團長張慕陶多次威脅和規勸，在憲兵隊及警察局兩邊的交涉一直得不到結果的情況下，民眾於是在細雨中徹夜包圍警察總局與憲兵隊，直至天亮仍不散去離開。

這一夜台北城的抗爭，點燃了人民心中的怒火。

Ch.4膏血之春

01.

一九四七年二月二十八日，怒火吞噬的台北城。

前夜的抗爭狂潮被《臺灣新生報》以5號字發表數百字的消息報導。憤怒的群眾在包圍警察局和憲兵隊一夜苦等處理肇事者未果後，開始在台北市各處集結遊行，街頭四處有人發表起演說，許多大小商店陸續關店相繼響應罷市的行動，不滿的民眾、學生甚至退伍士兵紛紛罷工、罷課，走上街頭的人越來越多，市民紛紛湧上街頭觀看，整個台北市區擠滿了人群，大稻埕更是人山人海，群情激昂而民心憤慨。

所有的壓抑都爆發了出來，肇事查緝員所任職的專賣局台北分局在上午苦等無人接電的被憤怒市民攻入，失控的群眾開始痛毆起專賣局職員，當場毆傷四人、打死了兩人，辦公器具及玻璃都被搗毀，菸、酒、火柴這些專賣物資被連同一輛汽車與多輛腳踏車全搬移、拋出到戶外焚毀，大火燒得如人心一般熊烈，儘管憲警人員隨即趕到現場，卻因見現場大量民眾不敢處理。

正午時分，高呼著「**兇手當眾槍決、撫卹被害遺族、停止查緝私菸、局長出面謝罪**」等訴求的群眾抵達南門町的專賣局總局示威，但群眾代表與代理局長會談未有成果；在憲警人員事前部署人力防備下，過程中僅有民眾打破專賣局總局的玻璃，但群眾也遭到鳴槍示警。

不滿專賣局的群眾隨後搗毀專賣局前後任局長任維鈞與陳鶴聲住家，專賣局南門工廠也遭破壞，由於向專賣局總局請願未有結果，抗爭的民眾之後決定轉向行政長官公署。

突然間，一名男子奔向了上千人的遊行隊伍之中，高喊著：「陳文溪死了！被昨天警察開槍打到的陳文溪死了！」

咒罵聲、哭泣聲混雜著怒吼與「槍決犯人」、「撤銷專賣局」的遊行口號，跟隨著以鑼鼓為前導的群眾，將行政長官公署為目標中心一路包圍蔓延到台北火車站前，隊伍之中有意向陳儀請願的民眾跑向了行政長官公署廣場，突然之間——

咑咑咑——搭——咑咑咑——咑咑——咑咑——咑。

見到群眾，站在公署樓上衛兵立即開機槍掃射，在公署前配備整齊的武裝衛兵也舉起槍對象群眾。

尖叫聲四起。

「**疏開！**疏開！疏開——！」開始有人本能地高呼當年防空演練的疏散口號。

行政長官公署一陣無差別射擊，造成了現場大量的死傷。

憲警見到群眾因恐慌四處奔逃，趁到的空隙逮捕六名請願市民，中國兵開的槍不但把群眾的憤怒激化達到頂點，更把所有新仇舊恨一口氣引爆，加速了台北動盪的局勢惡化，一瞬之間，台北市陷入了建城以來最空前的混亂。

學校全部停課、機關人員逃走一空，被機槍鎮壓的民眾湧向本町、太平町和建成町逃散後，開始四處搜尋外省人並加以毆打，本町正華旅社與虎標永安堂首當其衝地遭到民眾搗毀。

見到群眾一時群龍無首，開始有人號召抗爭者向中山公園聚集，隨後成功地召開了群眾大會，很快地，所有抗暴者決定將位於公園裡面的臺灣廣播電台佔領作為傳播管道，準備將起義的心聲放送到全台灣：

台灣人啊，昨夜的台北城，警察開槍打死人了啊！

這些中國官太欺負人了，我們日子越來越苦，昨晚一個婦人家在圓環賣菸，就被警察來找麻煩了，打昏了婦人、打死了路人，忍無可忍的台北人抗議，但是行政長官大人不聽啊！

我們要求：當眾槍決肇事兇手、專賣局負責死者治喪費及撫卹金、保證今後不再發生類似事件、專賣局長親自向民眾道歉、專賣局主管免職！

我們從昨夜到現在都在抗爭，方才遊行到行政長官公署前頭的廣場，中國軍人竟然用機槍掃射來抗議的老百姓，死了好多人啊！

看看這些人把台灣搞成什麼樣子了？陳儀領導的行政長官公署貪汙腐敗舞弊、把米糧都給外運出去、我們的日子都過不下去了，他們竟然還開槍殺人啊？

我們對你呼喊，在各地的台灣人，我們與其餓死，不如起來反抗！我們一起反抗，一起把這些中國派來各地的貪官污吏驅逐出去，只有這樣我們才能生存！

台灣人啊，起來反抗了啊！

隨著上午發送到各地的《臺灣新生報》，加上群眾佔領電台後透過廣播的放送，台北的消息很快地便傳到台灣各地都知悉，抗爭的行動蔓延向了全台灣；在台灣淪陷於中國官兵之手的那一刻起，長達490天壓抑與忍耐的種種不甘、悲恨、恥辱於仇恨，被逼到懸崖邊的台灣人再也不願忍耐，終於起身抗暴，展開了反擊。

02.

一九四七年二月二十八日，臺灣省行政長官公署。

這是來到台灣之後，陳儀頭一回感覺到坐立難安。

警備總司令部那不斷傳來最新抗爭的消息，事態的延燒十分出乎陳儀的意料，他想起委座的面孔，心裡有些忐忑。省參議會議長黃朝琴帶了一行人來到，說是要商討對策，但實在想不出什麼好法子，陳儀焦慮著，腦海中不停盤算如何才能不被委座問罪。

「長官，這事件是從查私菸時所釀下，民眾所說並非全然無理，我們應該……」黃朝琴嘗試向陳儀說明著。

「胡說，這些暴力事件都是受特定人士宣傳，那些倭寇浪人、那些共匪，應該殺無赦。」一名軍官插話到。

「長官，務必展開調查，才得以平息民眾不滿，也避免冤枉……」黃朝琴不放棄地勸著陳儀。

突然，一名緊張兮兮的幕僚跑進了會議室，滿頭日汗地對著陳儀報告：「長官，那些暴民攻佔了電台，已經開始廣播了。」

別無他法了。陳儀心想。

他站起了身，中飯沒留神一口氣吃了太多，膝蓋著實有些吃力。見到陳儀起身，會議室內所有人都繃緊了神經，參議員們心裡頭祈禱著能有最平和的處置，而軍官將領們則盼望著能給予暴民最重的打擊。

「傳我的命令，鑑於當前情勢危急，**台北地區即起臨時戒嚴，並實施宵禁。**」陳儀緩緩說道。

聽到長官命令，各單位的職員都飛奔展開作業，陳儀嘆了口氣，趁著黃朝琴沒留神的空檔，抓了個警備總司令部的下屬來咬耳根，交代出動武裝軍警憲兵鎮壓，**凡看見到台灣人裝束者無需命令即可開槍掃射**，同時即刻部署兵力警戒重要地區和巡邏市區。

陳儀臨時戒嚴令一下，警備總司令部便派遣武裝軍警乘坐大卡車巡邏台北市區，如行政長官所交代的，見到台灣人的穿著打扮便開槍掃射；抗暴者此時已經包圍了專賣總局、鐵路警察署、交通局等，一波坡的軍民衝突隨著陳儀命令的到來，開始有許多民眾與學生遭到射殺喪生，就連詢問鐵路交通情形要回家的學生也遇害，台北城傷亡不斷。

怒火燎原，焚燒著整個台北盆地。

傍晚時分，本町、台北車站、台北公園、榮町、永樂町、太平町、萬華等地不斷有外省人被民眾抓起來毆打的情事發生，被搗毀的新台百貨公司更有人乘機偷竊百貨物品，憤怒的抗暴者拿棍棒狂砸，街上十餘輛私人汽車、卡車被焚毀。

臨時戒嚴令非但沒有起到恢復秩序的作用，反倒在火上大澆起油來。

擔心演變成另一場內戰衝突的台北市參議會召開緊急會議，並邀請了參議會議長黃朝琴共同前往行政長官公署向陳儀陳情，要求「立即解除戒嚴、依法嚴辦兇手，同時組織調查委員會、撫卹死傷者，並下令公務員在台北市取締專賣品時不准攜帶槍械，因此案而被捕的市民應立即釋放」。

然而，陳儀推拖著，藉著台灣知名人士蔣渭川等人提議之勢，宣布將成立有台灣人參加之「二二八事件處理委員會」，並讓台灣警備總司令部參謀長柯遠芬陪同台灣省參議會議長黃朝琴、台北市參議會議長周延壽、國民大會代表謝娥一行人藉廣播呼籲民眾冷靜。

台北街頭暴發的全面衝突早已輻射擴散，台北和基隆之間的班車在晚間停駛，基隆市和板橋鎮分別有群眾在高砂戲院、板橋車站前毆打外省人，桃園鎮民眾聚集在廟前廣場舉行民眾大會演講，板橋有民眾阻擋北上火車，基隆民眾以碼頭工人為核心的在夜間集結並襲擊派出所。

陳儀始料未及的是，原本只是前一晚在台北圓環的查緝私菸事件，轉眼就成為全台灣政治抗爭的行動。

03.

一九四七年三月一日，馬公鎮養生堂。

隨著報紙的報導與新聞的廣播，全台灣各地都得知了台北起義的消息，不只在各大城市相繼有民眾自發響應，許多同樣不滿失業、通貨膨脹、政府貪腐、不平等待遇的澎湖人也開始議論起此事。

得知道台北起義一事，傍晚時分，嚴政人與王贊乙二人約集了盧鑫、余臺一同去找趙文邦。

「第一次知道這些外省仔會怕，」王贊乙大笑著：「我聽說現在在澎湖的外省人都不敢出門了。」

余臺應和著：「在外頭看，現在似乎所有政府機關都休息了，整個澎湖像是沒了政府一樣。」

「台北的狀況值得觀察，不管怎樣，我們都要確保澎湖人的安危，」趙文邦邊說邊拿出收音機：「早上台北市參議會找了台籍國民大會代表、台灣省參議員、國民參政會參政員在中山堂召開大會，說現在要成立調查委員會，陳儀好像會接受解除戒嚴、釋放被捕民眾、軍警不許開槍、官民共組處理委員會這些要求。」

「講歸講，台北那邊有人去包圍鐵路管理委員會，聽說被機槍掃射死了十八個、四十幾個傷。」嚴政人神情嚴肅的說。

突然間，收音機傳來了聲音，是陳儀的廣播。

本人在此向全省各位台灣同胞廣播宣布近日圓環查緝私菸衝突事件處理辦法：

第一，行政長官公署將會懲凶，涉案之查緝員傅學通、葉得根、盛鐵夫、鐘延洲、趙子健、劉超群等六人均被逮捕，交付司法審判。

第二，行政長官公署將會撫恤傷亡，即起將成立官民處理委員會，公署將派遣民政處長周一鶚、警務處長胡福相、農林處長趙連芳、工礦處長包可永、交通處長任顯群代表參加，請大家放心。

第三，解除台北市區戒嚴令，但是禁止罷工、罷課、罷市、集會遊行的行為，請同胞務必遵守法律與秩序。

廣播聲落下。

台灣人不知道的是，在陳儀第一次對二二八事件發表廣播後，隨即祕密召集了手下集議對付辦法，又電請南京派兵到台灣並調台南鳳山部隊北上增援，同時讓基隆要塞司令部宣布戒嚴。

這時的澎湖，島內糧食嚴重不足，馬公要塞司令部在得知台灣各地出現一波波抗爭行動時，便加強了駐軍防備，整個要塞也戒備森嚴。直到入夜，司令部外頭的士兵依然拿槍站哨，稍有疲憊便靠樹打盹。

住在司令部對面的水產學校老師許普在熟睡中，突然感覺到下腹一陣悶痛，接著一股下墜感襲來，腰痠得讓她清醒過來，手一探向床邊才知道自己已經破水，她意識到孩子即將出世。

強忍著一陣陣的疼痛，她點亮了燈，打算整理自己準備前往醫院。

突然之間，槍響劃破夜空，擊穿了許普家中的玻璃，一陣驚嚇讓許普放聲尖叫，被吵雜與槍聲吵醒的鄰居，只敢在槍聲止歇後衝進許普的家中，這時才發現其中一顆子彈打中了許普的大腿，一時間血流如注。

「不要開槍！她要生了！」鄰居扯開了嗓們為許普大喊。

聽見站哨的下屬開槍，司令部裡的長官奪門而出，很快才發現是一樁誤會，於是調派了座車讓許普在鄰居的陪同下被送了醫院。那一夜，她被迫截肢失去了左大腿，得到了她的孩子。

04.

一九四七年三月二日，**臺灣省警備總司令部**。

前一天的騷動隨著下屬不停的回報，讓陳儀相當心煩。

大台北裡頭，警察大隊射殺了包圍鐵路管理委員會的民眾，士林與新店分別傳出供應局物資和武器被搶劫，台北縣政府和供應局倉庫也被攻擊，淡水、瑞芳都傳出外省人被毆打，金瓜石的台灣銅礦籌備處職員宿舍更被搗毀。

燎原之火往南燒出台北城外，一批青年學生南下到新竹市演講鼓吹民眾起義，派出所、法院、政府機關和官員宿舍都被數百民眾襲擊，外省人被打、外省人開的店被砸，竹東鎮的水泥工廠與化學工廠都被焚燒。

新竹縣政府被桃園鎮民眾接收，起事者從政府裡面搬出牛奶、米糧等物資開始分配給民眾，新竹縣政府官舍那邊朱文伯縣長家中被搜出三百萬元、大量罐頭食品與米糧，公務員洪姓民政科長家中搜出六百萬元，及大量米糧、牛奶、牛肉，被搜到的物資持續發放為動亂供給養分，成堆的現金被焚毀。

為了控制情勢，幾個被民眾包圍的警察局，已有警察以機槍掃射殺死數十人，但卻造成更嚴重的反撲，蘆竹鄉林元枝鄉長甚至率領民眾進攻埔心機場奪取槍械彈藥，被台北警察大隊擊退的暴民轉往了大溪；位在中部的彰化市，也有民眾在彰化車站毆打軍人的狀況。

這一切儼然就是革命。

每過一些時間，傷亡人數就不停往上翻新，從陳儀今天睜開眼，行政長官公署就持續佔下風，數百名國立台灣大學、延平學院、臺灣省立師範學院、法商學院及各高中學生在中山堂舉行學生大會，決定組織學生隊以維持治安及交通。

但動亂早已從台北城一路南擴，基隆金山居民成立了保安團並包圍金山炮臺，桃園縣政府被佔領、官舍被襲擊，新竹警察局被民眾繳收憲警武裝、國民黨市黨部被搗毀，調來北上支援的軍用火車在新竹被擋，甚至有起義隊與國府軍開戰；軍隊在新竹都城隍廟、旭町附近槍殺群眾，死傷之餘也展開了羈押。

彰化警察局被上百名民眾破壞、警官紛紛毆打，民眾不斷要求罷免警察局督察長沈寶通，市長王一　核准後由參議員呂世明代表參議會保管武器，在那之後彰化民眾已接管了政府機關運作。

一些民間的領袖開始取得更高的領導權，在楊逵、鍾逸人宣傳下，市民大會在台中戲院召開，而謝雪紅在會中被推舉為了主席，開始猛烈抨擊政府，還成立了台中地區治安委員會作戰本部，越來越多許多學生響應前來匯集，並紛紛包圍警察局、專賣局台中分局、前台中縣劉存忠縣長的住宅；群眾不再是群龍無首，開始有反抗政府者展開了組織工作，也取得了領導群眾的正當權力。

南台灣也開始失守，虎尾青年、學生和民眾在接收區署與警察所後，組成了武裝部隊進攻虎尾機場，還有自台中、竹山、斗南來的民軍抵達虎尾加入戰鬥，與軍隊在虎尾機場進行白刃戰；就連嘉義都成為戰場，嘉義市民眾和學生各自編隊在嘉義車站演講、遊行市區，包圍了市長孫志俊公館也搗毀焚燒了器物，嘉義市政府更被民眾佔領，甚至大部分台灣籍的員警也攜槍加入民眾。

面色凝重的參謀長柯遠芬快步地走進了辦公室，來到陳儀的身旁。

「長官，由參議會議長周延壽主持的二二八事件處理委員會剛剛在中山堂舉行完畢，」柯遠芬將一份手抄會議重點的文書遞到了陳儀面前：「長官公署派周一鶚、胡福相、趙連芳、包可永、任顯群為代表，這是會議的相關重點。」

「聽說……去旁聽民眾……擠滿了會場？」陳儀眉頭深鎖地問著。

柯遠芬點了點頭道：「政治建設協會提出的商會、工會、學生、民眾、政治建設協會代表參加委員會，說是要強化組織，在會中被採納了，也決議各縣市參議員和國大代表可參與。」

「儂說這無臭無淆係咧創啥淆？一堆爛神豬糕臉！」陳儀氣得破口大罵：「沒完沒了。」

聽見長官忍不住爆出鄉音粗口，早懷疑為處理委員會別有用心的柯遠芬決定大膽獻策：「長官，您先息怒，下官認為這不失為一個好機會。」

「喔？」陳儀一臉狐疑地看著柯遠芬：「安怎講？」

「咱可以借力使力，您還記得許德輝嗎？」柯遠芬說明著自己的構想：「前天晚上，林頂立站長與令弟引見的那位保密局台北站直屬通訊員高登進，他的想法可以派上用場，處委會欲擴大組織，其中參與成員必然越趨複雜，我們派情治單位滲透進去分化他們，讓各派系競爭領導權力，再把一些流氓分子也帶進去，讓他們攪和打外省人的事。」

「這樣一來，」眼睛為之一亮的陳儀站了起來，彷彿豁然開朗：「民眾會開始對處委會出現懷疑，我也有了請委座從中央派兵鎮壓的理由，太好了。」

「那麼長官，下官這就去為您把高登進召來。」柯遠芬見主張被採納，露出了一抹微笑道。語畢便轉身離開辦公室。

正當柯遠芬前腳踏出辦公室，一名傳令後腳便急忙跑了進來。

「長官，高雄要塞司令部司令彭孟緝致電前來給您。」傳令報告道。

「接過來吧，你先下去。」陳儀點了點頭，並接起了桌上的電話。

「明熙啊？高雄安好否？」陳儀對著話筒問道。

「報告長官，昨日與黃仲圖市長在獲知台北市的情況後，要塞司令部已準備好因應策略，今個稍早鳳山與岡山地區出現了武裝反抗。」電話另一頭的彭孟緝說道。

「嘶——」得知高雄也開始動亂，陳儀抽了一口氣：「遠芬這兩天調了兵，但暴民把北上部隊都阻攔在新竹，你那可好？」

「報告長官，柯參謀長緊急調派高雄縣鳳山的進駐軍隊作業尚屬順利，但參與暴民的叛亂者持續增加，高雄交通相對便利、人口也多，恐怕我這兒需要多點人手與槍砲。」彭孟緝答道。

「知道了，兵跟槍砲彈藥，晚點我給你想辦法，」陳儀嘆了口氣：「明熙啊，高雄不能亂了，我這兒仰賴著你了。」

「謝謝長官！」聽見請求有望，彭孟緝樂地答陳儀道。

切斷通話後，陳儀起身端詳起牆上掛著的台灣地圖，暗自在心裡計算著，五千兵力加上中央警官學校千名師生，大半給部參謀長柯遠芬調派進駐鳳山、基隆與花蓮，勢必要趕緊向蔣委員長請兵，但高雄也急，能讓彭孟緝早點有兵，才有機會撲滅南方的火苗。

他看向左側，留意到了台灣海峽之間的澎湖，想起了馬公要塞裡頭，史文桂手上還握著不少兵，似乎有餘裕可先周轉給高雄。

正當陳儀盤算著時，柯遠芬帶著高登進來見。

陳儀看著高登進，暗忖著柯遠芬出了好主意，他拍了拍高登進的肩，笑著說：「你可要不負使命。」

「時局危殆、岌岌不保，生死存亡關頭，吾人應冒險為危難，以明大義、識大體之信心，以力圖挽回時機。」高登進想起了日前毛簡站長給他的電文，將之一字不漏的背出作為答覆，並向陳儀敬了禮。

「長官，下官認為，應創立忠義服務隊，讓高登進去組織流氓，也已請保密局台灣站林頂立站長偕同指揮。」柯遠芬向陳儀報告道：「讓忠義服務隊暗理燒殺擄掠，燒毀些外省人商店、毆打外省人，這樣有助於我們推行計畫。」

「很好的應急制變，」陳儀點了點頭道：「遠芬啊，除了派遣軍情人員分化這些組織，也記得通令各機關謹慎處置。」

「另外，下官剛剛忘了報告，高登進是他的化名，他的本名為許德輝，」柯遠芬補充了自己的想法：「下官已交辦總部，由許德輝化名為高登進參加政治建設協會作為會員，便可偵知該會行動，而林頂立也將化名為張秉承從旁協助。」。

「准。」陳儀答道，並轉身面對許德輝問：「對於處委會了解多少？」

「長官，現在蔣渭川的政治建設協會與劉明和陳逸松的意見衝突最為明顯，」許德輝點頭答道：「當前各派系都開始準備競爭領導權力，如果競爭演變成衝突，很快民心就會轉向寄望於新的組織。」

「很好，」陳儀滿意地說：「那你先去拜訪蔣渭川，告訴他你希望在處委會中他能推舉你為治安組組長，我隨後也會下令，讓委員會明天在北市政府警察局召開臨時委員會，這樣忠義服務隊得以掌握維持治安交通的權力，我們就可以開始扳回情勢。」

接過命令後，許德輝便向陳儀行禮，離開了辦公室。陳儀同時交代柯遠芬發布四點處理辦法，公開承諾將寬大處理。

一切打點好後，陳儀便電請國民政府調派第21師與憲兵營，得知情事的蔣中正隨後電令駐京滬線之第二十一軍開赴台灣平亂，軍部及直屬營、連和第一四六師即日在吳淞上船後直開基隆，而第一四五師也在連雲港集結後輪開高雄，被限三月八日前到達，該軍到台灣後將歸陳儀指揮。

向蔣中正要到兵的陳儀，想起了彭孟緝的請求，於是下令史文桂將馬公要塞守備的兩個中隊開到高雄、撥交彭孟緝指揮，同時調度子彈與槍砲支援高雄的鎮壓所需。

05.

一九四七年三月二日，馬公要塞司令部。

兩個中隊和槍砲子彈？接到陳儀命令電話的史文桂司令有些頭痛，前一晚許姓女教師的事件好不容易才剛擺平，軍隊的調動恐怕又會引起民間的猜疑，但想起三年前日軍進攻貴州時自己才因炮校遷址行動遲緩被撤職，實在不敢怠慢。

長嘆了一口氣後，史文桂便要下屬先去準備召開軍事會議來商討處理調兵的事宜。

望向窗外，夜幕已低垂，戒嚴施行後的澎湖街道，儘管尚未進入交通管制的時間，此時已無行人走動。

然而，澎湖參議員紀雙抱的一對女兒由於去了娘家一趟，直到晚間六點後才返回到馬公市區，紀淑牽著妹妹紀美一同走回住在營區對面的家中，街道上空無一人，總讓姐妹倆心裡忐忑著。

突然之間，司令部的士兵見到了兩人的身影，便對她們喝令口號。

聽不懂外省腔調的紀淑，緊張地拉著妹妹的手，不敢答話，只想趕快回到家中，回到孩子的身邊，於是加快了腳步。

砰——

見到兩女聽喝令不應答，反而加快腳步，士兵立刻對兩人開了槍。

這一槍，子彈由後方射入擊中紀淑腿部，血流如注的她不支倒地。這一聲槍響，引起了週邊許多住戶的圍觀，見到躺在血泊中的紀淑，人們紛紛想起前一晚擦槍走火傷及女教師的事件，不顧中國兵可能再度開槍，全都趕到了紀淑的身邊。

同樣被槍響驚動的史文桂，在部屬的陪同下尋著槍聲的方向，快步趕到了現場。

「還沒到交通管制時間，怎麼可以隨便開槍打人啊？」圍觀的民眾開始高喊著。

「竟然射殺婦孺！」不滿的民眾痛批著中國兵的殘忍行徑。

見到不斷有人加入圍觀群眾，眼見民情就要沸騰，史文桂立刻下令「救人第一、費用不計」，當即派兵護送紀淑到澎湖醫院。

無論如何，要保全她的性命。史文桂心想，生怕澎湖就要與台灣一樣淪為戰場。

在趕往澎湖醫院的路上，稍早在司令部外站崗的衛兵向史文桂報告了來龍去脈，他的眉頭深鎖著，不斷在心內問著怎麼會發生這種事。這時，澎湖醫院的外頭早已集結上千群眾包圍吶喊，要為紀淑討回公道。

穿過憤怒的人群，史文桂進到了醫院裡頭，見到了稍晚要負責動刀的蘇銀和醫師。

「司令，這位是負責動刀的蘇銀和醫師，他是自日本京都大學畢業的。」隨從向史文桂報告道。

「醫師，紀女士的狀況如何？」史文桂緊張地問著。

「病患大腿骨碎，子彈傷及了動脈，必須趕快動手術，可能需要截肢，否則會有性命危險。」蘇銀和醫師向史文桂說明道。

「拜託您，無論如何要讓紀女士保全性命，否則澎湖島恐怕要亂了。」史文桂囑託著。

蘇銀和醫師向史文桂敬禮後，便轉身奔向手術房。

院外的群眾持續聚集，在得知中槍者是澎湖參議員紀雙抱之女，情勢如乾柴、民情就要如烈火燃燒起，擔心澎湖抗爭之火被點燃的史文桂司令走向群眾的面前，相當誠懇地致歉，也宣布若紀淑不幸喪生，軍方將負擔紀淑子女所有教育費用。

群眾的咒罵聲稍微轉小，但隨時仍可能會爆發衝突，史文桂知道如果紀淑不幸喪生，澎湖非常可能也會打起來，他擔心著地方青年就此起事，馬公要塞就會如基隆、高雄一樣成為軍民對決的戰場。

史文桂在心中不斷祈禱蘇銀和醫師能夠將紀淑平安地從鬼門關前帶回，他的心思，此刻全都懸在了這場攸關澎湖軍民命運的外科手術上頭。

06.

一九四七年三月二日，馬公鎮養生堂。

「秀雄！秀雄！」王贊乙趴在牆邊，對著養生堂的窗縫呼喊著：「快叫你哥出來！」

趙秀雄應了聲好，便跑到趙文邦身邊告知王贊乙一行人來找。

剛哄小弟文孝入睡的趙文邦，走到窗邊一看，才發現王贊乙等人到了家門，趕緊開門讓所有人入內。

「現在情況怎麼樣？」趙文邦掛心地問著澎湖醫院外的動向。

「大家都很生氣，但是剛剛從司令部那邊打聽到的消息，說史文桂離開醫院之後回司令部去開會，」嚴政人說道：「陳儀要史文桂調兵去高雄給彭孟緝殺人啊！」

「啊？」趙文邦大吃一驚。

「現在知道的是，他們的軍事會議裡面很多人反對，包括要塞軍伍主任、那個軍醫許整景，還有參議會也大力反對。」王贊乙說明道。

「所以到底會不會調兵過去？」趙文邦緊張地問著。

「兵看起來是不會調過去，可是彭孟緝還要了子彈跟槍，」盧鑫氣憤的說：「聽捉彭孟緝現在守壽山怕子彈不夠，怕民間知道，打算開招商局的船來幫忙載子彈！」

「那怎麼可以，阿池兄、洪傳大哥、野口、有能、登勛兄、阿發跟天生仔，還有那麼多澎湖人都在高雄念書跟工作，」趙文邦也同感著氣憤：「**無論如何都要把這艘船擋下來，絕對不讓軍隊去殺高雄人！**」

「趕緊先去城隍廟那裡，祿合、石頭、友謙、阿發現在都在那了！」余臺提醒著所有人。

聽見丈夫與友人間的討論，王木莉躲在門後不敢出聲，她太清楚趙文邦的個性，這種重要的時候他必會挺身而出，但忍不住擔心的她不小心啜泣幾口，被趙文邦給聽見。

知道妻子最自己的掛念，出門前的趙文邦打開了門，緊緊的抱著門後的王木莉。

「別驚，我會注意安全的！」趙文邦在妻子的耳邊說，輕吻了她的臉頰後轉身便隨王贊乙一行人出門。

來到城隍廟前，大批緊張又憤怒的群眾聚集於此

在廟埕中，王祿合拿出一台收音機，一陣沙沙聲後，聽見了嘉義放送到澎湖的廣播：

台灣同胞已經起來反抗暴政了！澎湖人還在睡嗎？

台灣人的部隊已經攻占了嘉義水上機場，熱情市民送飯糰給我們說要勞軍，我們都起來反抗了，男人丟汽油彈、拿酒瓶，女學生組成大隊，有的人去戰、有的人負責救護，你們澎湖這些青年死了是嗎？還是說你們不敢，你們是不是不敢啊？

我們現在在嘉義廣播電台，澎湖人啊，如果聽到的話，起來反抗暴政吧！

聽到來自嘉義的戰報，讓現場的青年紛紛開始躍躍欲試，也有不少人被一句「是不是不敢」給激怒。

一陣鬧哄哄的，近百名的青年大家各自有主意，卻誰也不服誰。眼看著自己人陷入爭辯之中，擔心因此失控的王贊乙，拉著趙文邦，要他出面主持大局。

趙文邦深吸了一口氣，他想起嚴政人在法庭上的委屈、他想起王贊乙父親給的那把手槍、他想起盧鑫被刑求的表哥、他想起昨夜中槍的許普以及此刻正與死神搏鬥的紀淑，他想起自從帶著一批又一批的中國人來到澎湖之後所做的事、他想起國民黨來到台灣後的一切……他吐了氣，爬上台階，用他宏亮的嗓門對著所有人說：

「各位！各位！各位——」

所有爭吵停止了下來，廟埕裡的青年全都看向了站上台階的趙文邦。

趙文邦用雙眼掃視著現場每一張臉龐，他知道接下來他所要說的，將是非常決定性的一段話。

「我們要站起來反抗！但是我們不能雜亂無章，我們要有組織、我們要有紀律、我們要有戰略！」

現場一陣掌聲應好。

「這一年半來，大家常常在鎮上看我們巡邏，是因為我們認為有必要為這個戰亂後紛亂的社會做些什麼，整個台灣現在都脫序了，生活不穩定，人民都沒有得到應有的保護，我們要把屬於我們應有的權利奪回來！把我們想要的生活討回來！」趙文邦對眾人說道。

現場再度響起掌聲應好。

「我們應該要分組，有人負責治安、有人負責糧食、有人負責宣傳甚至要有人負責談判，大家要有覺悟，如果要抵抗政府粗暴的行動，武力便是不可缺少，所以——我們必需要武裝起來！」趙文邦沉穩地說：「我們行動是為了抵抗暴政，所以我們不能淪為另一個暴政，治安隊要負責把鎮內幾個校園裡的教室及倉庫開設給人民作為暫時的民眾保護所，無論本省人還是外省人，我們都不要讓無辜的人受傷！」

接著，眾人在趙文邦的指揮下開始分組，受過日本軍事教育的學生配戴木刀與小刀組成治安隊、有當過兵或有過戰鬥經驗的組成自衛隊、響應的學生與民眾負責糧食與後勤，至於宣傳工作則由鄭石頭召集有經驗者負責。

得知城隍廟前有大批年輕人聚集，地方重要的領袖也紛紛前來關心，馬公鎮長高順賢帶著王國清、李長流、陳雲、呂安德、鄭暻文和參議員陳伯寮一行人趕到後，提議比照台灣處委會組織澎湖的地方維持治安委員會，負責跟政府交涉談判。

取得年輕人的認可後，高順賢一行人遂趕赴司令部與縣政府，欲與史文桂與傅為武所領導的軍、政兩邊與民間建立正式的對話管道。

見官員們離去後，自衛隊的林友謙與薛發貼上趙文邦的身旁，與趙文邦討論密謀前往警察局搶奪軍械庫武器一事，經過商議後，趙文邦交代由林友謙與薛發二人準備進攻警察局的行動，同時要嚴政人和王贊乙帶著以前在街區負責巡邏的兄弟們準備好攔截要載去給彭孟緝的子彈。

這是媽宮城建城五百多年以來，頭一次民間展開的大規模革命起事。

07.

一九四七年三月三日，**澎湖醫院手術房外。**

憤怒群眾聚集並未因為夜深而有所減少，如同二月二十八日那日的台北清晨。

天邊漸露光線，此時已接近凌晨四點。蘇銀和醫師拿起手帕，擦去了額頭上的汗水，見到急忙擔憂的紀雙抱參議員，趕緊上前向他說明手術的成功，紀淑已經確定脫離險境。

聽聞喜訊的史文桂鬆了一大口氣。

他代表司令部向紀雙抱誠懇地致歉後，也一再拜託紀雙抱在憤怒之際而能顧及大體，盼望他能帶頭讓事情能平靜下來，給地方仕紳做個示範。

另一頭，自衛隊的林友謙與薛發帶著數十名青年，以敢死隊自許，各個拿著棍棒與小刀，朝警察局展開進攻的行動。

夜如此深，而全城的目光都還懸在澎湖醫院外頭，多數的警力都被調往澎湖醫院周邊駐守，此時的警察局正是守備最為弱勢的時候。

林友謙帶幾人收起武器，步行到警局附近偵查，確認裡頭空無一人後，便向薛發一行人打著手語暗號。

在警察局前會師的兩組人馬，一鼓作氣地撬開了警察局深鎖的大門，他們熱血沸騰著，知道一旦有了更強的武裝，革命的行動就能如虎添翼。

進到警察局的青年們分頭搜查，很快便找到了軍械庫。

他們聚在軍械庫門前，花了些時間，總算打開了大門。

然而，正當大門被推開之際，裡頭空蕩蕩的一片讓所有青年看傻了眼，還沒能曉得原本擺放的武器上哪兒去了的他們，很快地聽到外頭傳來急促的腳步聲。

一回過頭，成隊的武裝警察將他們包圍。

「果然，被史司令料中，」帶頭的武裝警察笑道：「就知道你們這些賊小子動軍械庫武器的主意，史司令早早便下令將警察局的武器藏至他處，要我們在周邊埋伏，你們好大的膽子！」

薛發見尚未開始的革命已彈盡援絕，十分不甘心，而機警的林友謙拉著身旁一位同行的青年輕聲在他耳邊說：「等一下不管發生什麼事情，你趕緊去醫院跟文邦說這的事，告訴他我跟阿發會擔下這一切。」

林友謙話一說完，便大吼了聲，舉起手中的木刀向帶頭的武裝警察的腦門砸去。電光石火之間，在來不及看清同行弟兄的身影時，林友謙身旁的小夥子拔開腿死命地跑。

而所有自衛隊的成員，紛紛打起手中的棍棒、木刀與小刀，與成隊的武裝警察展開肉搏，雙方大打出手一番。

為了壓制起事的青年，武裝警察們各個使盡全力殺紅了眼，卻沒留意到那個小夥子已經跑遠。但武力的不對稱，很快讓林友謙與薛發一行人被壓制，在武裝警察的強押下全進了司令部的牢籠中。

和由馬拉松平原跑回雅典報捷的士兵菲迪皮德斯不同，小夥子帶來的是受挫的消息，成群跟在趙文邦身邊的青年，在知道夥伴遭遇司令部設下的埋伏後，憤怒地狂吼著，開始有激進者高呼應該準備進攻司令部。

而就在此時，十分疲憊的紀雙抱參議員走出了醫院外，看向憤怒的青年們，悲嘆地對文邦勸說：「**冷靜，不要以卵擊石！**我一個女兒犧牲了，我們不要再犧牲年輕人。」

情勢不對頭，需要重新整備。趙文邦心想著。

於是藉著紀雙抱參議員的親自懇切勸說，在趙文邦的呼籲下，聚集的群眾終於逐漸散去。

08.

一九四七年三月三日，臺灣省行政長官公署。

處理委員會的代表剛走，陳儀的臉便垮了下來。

那些被推派來跟行政長官公署溝通的代表，提出了不少要求，其中對於要求軍隊撤回軍營、治安由憲警和治安服務隊維持這幾項格外堅持。

他翻閱電報的摘錄訊息，上海《文匯報》以「在台北發生空前大流血慘劇，兩日事變中，致有三、四千人死於非命」為提報導，還在「編者的話」專欄中記載「這次的騷動，警察曾開槍，死傷平民達三四千人，可見這騷動，還是以強力壓平的」。

另一頭，他看向官方以「台北秩序恢復，台胞傷亡數十人，監察院已電令查辦」為標題的《中央日報》，如他在記者會上強調外省人的傷亡一般，稱台胞死傷不足百人，外省人則死傷超過四百。

新聞輿論的走向完全在他的控制與期待中。

這時，參謀長柯遠芬急忙地走了進來，草草行過禮便說：「長官，我們透過報紙散布美國領事館被攻擊的消息，美國大使館已經出來澄清了。」

「無妨，」陳儀臉上露出一抹微笑：「持續製造類似的消息，社會大眾怎麼看不重要，只要委座那邊可以給我們更多兵就好了。」

「下官知道了。」柯遠芬答道。

「許德輝那邊有什麼消息？」陳儀問著。

「現在處理委員會把決議通知全省十七個縣市的分會，各地方分會為處理各該地所發生之事件，各有推派代表參加台北處委會以推進工作，但各分會參與程度不同，內部開始有些摩擦了。」柯遠芬自信地笑道：「下官猜想，他們應該明天還會再派代表來談。」

「我們來給他們添把柴，」陳儀說道：「你去交代警備總司令部印發《告全體市民書》，同意處理委員會提出的禁止調派增援部隊、改組省政府和舉辦縣市長民選等建議。」

「可是長官……我們真要停止增援嗎？」柯遠芬心一驚地問。

陳儀揮了揮手：「當然不，你記得交代回營後的士兵去改換上憲兵制服出勤，只要等到委座那裡增援更確定些，政府代表便不需再出席處理委員會。」

「遵命。」柯遠芬敬禮道。

「現在，跟我說一下各地今日的動向與狀況。」陳儀令道。

接到命令的柯遠芬開始簡報起今日的更新動向，照慣例地由北至南一路說起。

基隆碼頭工人襲擊14號碼頭軍用倉庫，事敗死傷多人。

台中民間首領之一的鍾逸人成立了保衛隊，在謝雪紅號召下，治安隊與人民大隊攻佔台中市政府等機關，包括市長黃克立、縣長劉存忠、專賣局分局長趙誠等三百餘多名外省人被集中看管，台中的武裝部隊正在收繳軍警槍械彈藥。

雲嘉方面，斗六的陳纂地率眾攻擊了虎尾機場；三民主義青年團嘉義分團與嘉義市參議會聯合舉辦市民大會，成立「嘉義三・二處理委員會」並組織嘉義防衛司令部，在市長孫志俊的要求下，駐守東門町的羅迪光率領紅毛埤軍隊鎮壓但遭民兵成功反擊，民兵已攻擊了紅毛埤第十九軍軍械庫，陳復志也率領嘉義青年攻佔第19機廠及市政府。

台南方面，民眾於清晨進入永樂町等派出所搶奪槍械彈藥，由於台南縣長袁國欽帶領官員避難，秩序由新營鎮長沈瓊南維持，目前已將外省人集中保護；台南市參議會則召開臨時會議組建臨時治安協助委員會，並向臺南市政府提出七項要求，而青年學生已接管派出所、第三監獄、海關倉庫、警察局保安隊的槍械武器與物資。

高雄方面，第105後方醫院被民眾圍攻，憲兵隊在在鹽埕町一帶被近五百名暴民攻擊，自派出所劫取槍械彈藥後暴民還包圍高雄市政府警察局、焚毀局長童葆昭的座車，由於已有二個警察分局遭佔領，加上發生毆打、搶奪外省人及商店的情況，許多公務員退避到了高雄要塞司令部，彭孟緝私令認為已經形同叛亂，稍早調整軍力布署以等待機會出兵。

而本應為高雄派兵增援的馬公要塞，司令史文桂已召開軍事會議，但由於兩起擦槍走火事件，不敢貿然調度，已指示不調兵也要先調槍砲過去給彭司令，現在已開招商局的船去幫忙載子彈，以利遮掩耳目。

另外有數十名台東縣民眾包圍田糧處、昌華公司米廠和縣長宿舍，據傳部分民眾正在預謀要奪取憲警及台東機場的駐軍武器。

陳儀點了點頭，陸續有地方政府與武器被劫收，加上中部與雲嘉南地區已組建武裝部隊，而處理委員會也一直吵著要提政治改革，局勢依然超過了他的預期範圍。

「我會持續向委座請兵鎮壓叛亂，這段時間處理委員會那邊有要來行政長官公署協商就拖著，答應一些條件也無妨，只是情報人員工作要加強力道」陳儀令道：「但警備總司令部這邊要展開軍事整備與人員布署，去把台北和基隆劃為戒嚴區、新竹和台中劃為防衛區。」

柯遠芬在行過禮後，便離開辦公室著手辦起陳儀給的任務。

09.

一九四七年三月三日，馬公港。

「各位，舢舨船和草繩都準備好了！」王贊乙跑向了守在港邊的群眾。

這一年多來，中國兵隨意拆卸民房、佔屋擾民、在鄉間強暴婦女這些劣行，澎湖人早積怨已久、忍無可忍，有賴宣傳組將台灣已經起事的訊息及司令部密謀以商船載運子彈往高雄屠城的情報廣為宣傳，不少歸國的台籍日本兵、原住民、在澎湖當兵的台灣人甚至分散在澎湖其他離島的人，都聚集到馬公，聚集到文邦一行人的身旁準備響應。

自從知道自衛隊行動受挫後，趙文邦便要所有起義者謹慎行事，他讓王贊乙和盧鑫帶著幾個小夥子先張羅了阻攔商船所需的裝備，在自衛隊大半成員被逮捕後，治安隊裡較為年長的成員被調入補充。

趙文邦將引導群眾的工作交付給了嚴政人，便隨著王贊乙來時的方向奔去。

碼頭棧道旁，草繩一捆捆的擺放在岸上，三十餘艘的舢舨船整齊有序的停靠著，這些都是有年紀的船了，打從動力船舶興起，機動性、作業範圍及漁獲量都受限舢舨船便因為不符經濟效益而逐漸除役，這倒讓王贊乙向漁家在徵調時相當容易。

知道要對抗暴政，幾乎整個南甲社一帶家家都把舢舨船交了出來。

在岸邊一字排開，上頭那一雙雙大目在此時顯得銳利。木與鐵、民與官、自衛隊與中國兵，儘管不對稱，但群眾團結一心所展現的力量，使起義的行動並不渺小，當遠遠看見商船現身時，不分男女與大小，在港邊的每一個人都堅信正義與他們作夥，也都有了做個赴死不回的英雄該有的覺悟。

「大船來了，大家戒備！」趙文邦用著他宏亮的嗓門指揮著。

大船開的軌跡與以往商船會走的動線完全不同，當船身與岸邊的距離逐漸縮短之時，岸邊的群眾依稀看見上頭寫著「臺東輪」三個大字。

「會搖櫓的大家上船，船靠近就用草繩把船身纏起來，」趙文邦高呼道：「這是關鍵的一戰，沒人知道會不會平安脫身，要行動的人要想清楚，但是我們無論如何都會把這艘船擋下來，絕對不讓軍隊去殺高雄人！」

「好！」起義者異口同聲地高呼，紛紛拿起一捆草繩上了舢舨船。

臺東輪依然往港邊開去，渾然不知三十餘艘舢舨船已經默默對自己展開包圍之勢。而舢舨船上每一個年輕人，都專注地搖櫓，儘管緊張到都可以聽見自己的心跳，仍然維持著紀律，等待著號令。

臺東輪與舢舨船陣的距離越來越近。

此時，自司令部奉史文桂命令的運輸兵，載著一車車的炸藥與子彈，繞行金龍頭自高處往順承門一帶望去，被舢舨船陣包圍臺東輪的場景嚇到，趕緊停車派員返回司令部報告。

臺東輪就這樣開到了舢舨船陣的中心，見到機會成熟，趙文邦放聲高喊一聲纏。一個個起義者當即將草繩拋出，有人跳入海中下潛，將草繩往船底的葉扇帶去，一時間諾大的臺東輪便被草繩緊緊纏牢，船身更因葉扇捲入草繩而被卡死、失去動力。

「大家靠著岸邊坐下。」嚴政人見草繩纏船的行動成功，便趕緊指揮著岸上的起義者，用肉身形成渾厚的人牆。

當確定草繩已纏住臺東輪，趙文邦帶著王贊乙、盧鑫、余臺與數十名青年爬上了臺東輪，臺東輪上的船員這時發現狀況卻為時已晚，雙方口語一來一往的爭執好一會，幾個動粗的船員被余臺和盧鑫制服，王贊乙更用父親給他的手槍押著船長，直到船員看見岸上的情景，雙方才陷入了沉默的對峙。

「各位，彭孟緝在高雄屠殺我們的親人、同學、同胞手足，他要跟澎湖調兵，我們同意調兵去高雄嗎？」嚴政人高聲地問著群眾。

「反對！」群眾同時應聲。

「各位，彭孟緝怕守壽山子彈不夠，國民黨要派招商船來澎湖，從馬公要塞載子彈去打高雄，他要跟澎湖調子彈、調槍、調炸藥，我們同意嗎？」嚴政人再度高聲地問著群眾。

「反對！」群眾拉高音量地應聲。

「大家跟我一起喊——」嚴政人高呼道：「官逼民反！」

現場一陣又一陣的口號聲，「官逼民反」四個字被用力的喊著，所有不滿全在此時宣洩了出來。

接到下屬通報後的史文桂，從司令部一路趕到馬公港邊，遠遠地便看見了懸殊的差距，先行下令炸藥與子彈的載運車返回司令部，自己則帶著衛隊趕往馬公港邊。

「文邦！文邦你快回港邊，史文桂要來了！」岸上的嚴政人收到負責把風守路口的治安隊傳來的情報，趕緊轉身向臺東輪上的文邦高呼。

「你去吧，這裡我們聽贊乙的，」盧鑫聽到嚴政人的高呼便對趙文邦說：「去看看史文桂要說什麼！」

趙文邦趕緊下了臺東輪，用舢舨船趕回了岸邊。

雖然一身濕地見到史文桂，但趙文邦相當從容自在。

「年輕人，我是史文桂司令。」史文桂試著優雅。

「我是趙文邦！」趙文邦用著他宏亮的嗓門答道。

「年輕人，你們忘了紀參議員說的嗎？不要以卵擊石，不要再犧牲年輕人。」史文桂一臉擔憂地說。

「國民黨要派招商船從馬公要塞載子彈去打高雄，我們不允許，請司令叫船調頭回台灣！」

面對島上的最高軍權，趙文邦沒有一絲動搖。

「唉唷，沒這種事，那就是艘商船，你們誤會了。」史文桂嘗試敷衍過去。

「嚎淆啦！」一名青年起身指著史文桂大罵道：「剛才都看到你們的卡車停在城門邊了，你車裡面裝什麼你講啊！」

史文桂一臉尷尬，還在想著該怎麼圓場。

「走啦走啦，白賊喔！中國官都一個樣啦！」另一名青年起身大喊道。

群眾情緒一時沸騰，紛紛開始叫囂起來。

「史司令，無論如何，我們澎湖人是不准你載子彈去高雄殺人的。」趙文邦用著堅毅的眼神對著史文桂說。

眼看民風保守、自清代起從未經歷民變的澎湖，上演了數百年來首次起義，史文桂不敢大意，就怕釀成更大的災禍，心想著台北失當的處置已讓星火燎原，只好黯然離開港邊，帶著衛隊回到司令部。

當史文桂帶著衛隊離去時，起義者紛紛鼓掌歡呼叫好，這是第一次，統治者要做的事，被澎湖人民的力量阻擋下來。

起義者士氣大振。

10.

一九四七年三月四日，臺灣省行政長官公署。

「什麼？竟然用手榴彈襲官？這些暴民……太賊娘養的無法無天了！」陳儀聽聞公署秘書長葛敬恩的公館被襲擊一事，氣得大罵。

「報告長官，請息怒，這是忠義服務隊的行動，」柯遠芬趕緊安撫著陳儀：「現在暴亂團體指控您在福建時期舊部導致政治黑暗、米糧外流、人民無穀為炊，包括葛秘書長、工礦處包可永處長、財政處嚴家淦處長及民政處周一鶚處長四人在內被列為貪官污吏四兇，所以想藉此來平息。」

「原來是策略，」陳儀鬆了一口氣：「但為什麼是針對葛敬恩？」

「報告長官，葛秘書長現在是輿論眾矢之的，他的女婿李卓芝被控貪污劫收台灣，這份署名台灣青年團所發出的傳單上投也點名著其弟的中和公司及其兄的茶葉公司，」柯遠芬將一紙傳單遞給了陳儀，上頭正寫著「打倒葛敬恩之官僚資本！」的斗大字様。

「這樣吧，去告訴湛侯我有意讓他代表我飛回大陸去跟委座報告整個事變經過，」陳儀瞇起眼說：「湛侯打從杭州一役就讓委座印象深刻，是委座信任圈子裡的人，山西會談讓閻錫山重歸國民政府的功勞也一直讓委座記著。」

「下官知道了，」柯遠芬點頭道：「也跟長官報告，稍早與處理委員會的談判中，處理委員會部分成員除了商討非法事件、治安維持等項目外，提出了政治改革內容。」

「這我知道，」陳儀點了點頭：「稍早處理委員會推派蔣渭川、陳炘、林梧村、學生代表四十餘人前來公署提出了三點意見。」

從柯遠芬手中接過會議紀錄的陳儀端詳著，柯遠芬繼續報告著情報：「長官，下官要報告的是，在您下令回營後的士兵換上憲兵制服出勤後，得知此事的叛亂份子王添　開始大肆批評公署缺乏誠意、無法避免軍民衝突云云，四處在高呼要民眾當心。」

陳儀揮了揮手：「不要緊的，**即起政府代表不再出席處理委員會了**。」

陳儀心裡盼著的中華民國軍已經到了，早在學生們聚集在台北召開學生大會時，部隊已在基隆大開殺戒，他想起稍早收到各地的情資回報，各地儘管仍持續有著騷亂，但行政長官公署已逐漸從對抗的劣勢中走出來了。

這一天，宜蘭市民眾收繳了宜蘭機場倉庫、蘇澳軍需倉庫與警察局槍械，集中保護外省人並設立了傷患救護所；新竹方面，雖然警總派蘇紹文在新竹指揮憲警宣布戒嚴，而蘇紹文有些抗命，尚需要處理此事。此外的北台灣各地都已在掌握之中。

台中成立了民主保衛隊，並由吳振武擔任隊長，有信心能讓他在近日受壓脫逃；

而彰化縣青年成立溪湖青年自衛隊並推舉林才壽擔任隊長，據知，之後自衛隊進入溪湖糖廠借用武器以保護地方治安。

反倒是起初相對平靜的南台灣有激化的趨勢，軍警人員和政府官員聚集的嘉義中學山仔頂營地被民眾部隊三千餘人攻擊，羅迪光下令自嘉義中學山仔頂營地砲轟市區後連同孫志俊等人退守嘉義機場，外省籍公務員除了有八百餘人被拘禁在城市之外另有兩百餘人困守在嘉義機場，此外南靖糖廠則自行組織了警衛隊。

台東也出乎意料的成為戰場，部分青年今日上午在縣政府廣場舉行青年大會，要求政治改革，幸好地方政府人員早已提前至延平鄉紅葉村避難；治安隊伍接收了縣政府、警察局、郵電機關等部門後仍將武器保留原處，使得該區無重大衝突。

「長官，高雄要塞彭孟緝司令電話來訊。」一名傳令兵進到辦公室向陳儀報告道。

「接過來。」陳儀下令，同時接起了電話。

「長官，槍砲與兵，高雄迫切需要。」電話另一頭的彭孟緝說著。

「明熙啊，我稍等打電話給史文桂問，」陳儀頓了會兒：「先跟我說說高雄的狀況吧！」

「回長官話，有些外地民眾搶奪了岡山警察倉庫槍械後進攻要塞駐軍，但被我們擊退了，」彭孟緝答道：「而高雄第一中學原本則是被部分群眾趁亂闖入，並計畫做為反抗政府的指揮中心，然而部分學生不願學校遭到外人佔用，因此在校長林景元反對下，今日組成了雄中自衛隊高雄工業職業學校、高雄商業職業學校、高雄第一女子中學學生隨後加入，以軍訓用槍械維持學校附近治安並將學校作為外省籍市民的臨時收容所。」

「知道了，那屏東方面呢？」陳儀追問著。

「屏東就有些不安分，屏東車站有民眾毆打外省人的情事，自稱起義部隊的暴民集結至郵電局抗爭後展開示威遊行，脅迫了龔履端市長將警察局武器封存，還攻佔警察局及市政府，獲得武裝的民吏亦攻擊憲兵隊、要求空軍駐軍繳械；另外，叛亂份子葉秋木也在屏東市組成自衛隊，並暫時代理市長工作與接收警方交出武器。」彭孟緝嘆氣道：「如果援兵抵達，方能先前往五塊厝倉庫鎮壓，當威脅一解除，近日要展開全面鎮壓就能更游刃有餘。」

「真是可惡至極的一群刁鑽暴民……先這樣吧，我給你打個電話去問史文桂。」陳儀說完，便將電話切斷，要下屬撥給馬公要塞司令部。

好一會兒後，史文桂接通了電話。

「文桂啊，剛剛明熙打過電話來公署了……就問這子彈槍砲和兵怎麼還沒調過去？」陳儀語帶質疑地說。

「報告長官……這個……現在澎湖情勢也緊張，貿然調兵怕是引起動盪……」電話另一頭的史文桂答道。

「那子彈呢？武器都先過去吧，明熙那頭我軍沒有太多折損，兵不如槍砲急。」陳儀追問道。

「呃……回長官話，這……臺東輪呢……出現故障問題，這個……下官已經令人搶修，只是尚且……需……需要些時間。」史文桂支支吾吾地說著。

「這種時候故障……真是……好了好了，知道了，」陳儀搖著頭嘆氣道：「那你說澎湖情勢緊張，有什麼狀況嗎？」

「回長官話，我已下令宣布宵禁，現在午夜十二點後一律斷電，這樣民間那些有意滋事者應該不敢妄為。」史文桂答道。

「嗯，那槍砲子彈的事，趕緊去辦妥吧。」陳儀令道。

11.

一九四七年三月四日，馬公要塞司令部。

與陳儀結束通話的史文桂，呆坐在辦公室內好些會，兩眼盯著牆上的澎湖列島圖，他想著先前被撤官的事，卻又無法忽視著馬公港現在對峙的窘況，設法把事情給壓了下來，讓整個司令部的紀錄都配合粉飾。

本想著前一晚宣布宵禁、晚間十二點斷電，應該就能造成群眾的壓力，沒想到這些抗爭的群眾比起自己手上的軍隊還有紀律，自發性的投入組織，讓抗爭所需的民生後勤一應俱全，而更讓史文桂感到驚訝的是，帶領群眾的只是一位年僅二十三歲的年輕人。

「趙文邦。」史文桂在嘴邊念著，臉上淺淺地一笑。

即使身處對抗的不同陣營，過去面對敵將時，史文桂也不會羞辱，而現在看到英雄出少年的驚嘆，更讓他發自內心的讚賞與佩服。

然而，身為要塞司令，他肩負著國家與使命，這更是他做為一個軍人的責任。他收斂起情緒，決定帶著衛隊動身前往馬公港，將這一切做個了結。

史文桂的座車從司令部再度出發，沿著金龍頭高地，浩浩蕩蕩地開往馬公港。

這時的馬公港，港邊的群眾雖然因為堅守一夜略有疲態，卻仍相當有序，響應的學生與民眾負責糧食與後勤不停為前線送來物資，甚至分享給臺東輪上的船員，而趙文邦與嚴政人、王贊乙三人輪流對群眾演講，不時可以聽見讚賞叫好之聲。

見到軍方的車影，剛結束演講的趙文邦，拉著余臺到一旁，請他代替自己回養生堂一趟，告訴自己的妻子王木莉勿擔心掛念。余臺瞥見史文桂率衛隊朝港邊走來，便懂了趙文邦的意思，趕緊離開。

「史司令！」趙文邦用宏亮的嗓門向史文桂打招呼，好讓所有群眾都警戒起來。

這時的史文桂，身旁一行衛隊各個配著長槍、穿著精裝，顯然是最優秀的一隊，每一個軍人的眼神都透露著他們做好了戰鬥的準備，一時之間整個馬公港邊劍拔弩張，人人都繃緊了神經。

「趙文邦，我奉陳儀長官的命令，必須完成運輸的任務，這些你都知道了，」史文桂嘆著氣對趙文邦說：「但本司令視澎湖島民為自己同胞手足，不忍手足相殘，唯忠義難雙全，我們是否別互相為難？」

「恕難從命，」趙文邦高聲：「這是我對司令您的答覆，也該是您對陳儀的答覆。」

群眾一陣叫好，而衛隊紛紛舉起了槍。

手持長槍的這一方在武器上佔上風，但人數方面則是劣勢；手持棍棒與木刀的這一方雖然武器落後，卻數倍人之於對方。沒有人知道，下一刻會發生什麼事，但人人呼吸都變得快速。

史文桂掏出了配槍，對準了趙文邦的眉心。

「趙文邦，人要知所進退。」史文桂嚴厲的說。

趙文邦突然間鬆開了手，手中的棍棒應聲掉落，整個馬公港邊的所有人都屏息著。

「史司令，」卸除武裝的趙文邦向槍頭往前走上一步，豪邁地看著史文桂的雙眼，高聲地回問道：「你還擔得起再一條人命嗎？」

群眾人人握緊了手上的武器，衛隊也托高了槍，所有人都為了下一秒的戰鬥做好了準備。

主宰這一切的，是膽識。史文桂心想。他看見的是一個英雄少年的氣魄，那一身是膽的趙文邦。他看著，默默讚賞著。

然後，他收回了手，放下了槍。

「唉……」史文桂笑了起來。

趙文邦沒有退卻，群眾也沒有鬆懈下來，衛隊也是。

「罷了，你們的草繩也把臺東輪的螺旋槳給弄壞，總是該修，」史文桂笑著說道：「讓他們靠岸修船吧，明天他們船加完油就回去……『恕難從命』，趙文邦，本司令可要借你的話，去抗命一回了。」

「我們怎會知道，這不是一場騙局？」趙文邦質疑著，他實在有些難以置信。

「君子重然諾，言出必行。」史文桂挺起胸說。

「我可以讓群眾都先回家，但治安隊與我仍回留下，直到臺東輪返航，我們才會離去。」趙文邦面不改色地說道。

「行的，行的，」史文桂莫名地滿意了起來，笑著對趙文邦說：「那本司令這就回部裡，準備向公署抗命了。」

見到史文桂與衛隊再度離去，群眾一陣歡聲雷動。

軍民之間的對峙，在入夜前結束。臺東輪總算得以靠岸，趙文邦帶著治安隊，再度分送熱食給船員，群眾逐漸散去，這場勝仗對澎湖人民來說，澈底地展現了決心與力量。

而回到部裡的史文桂，指示著下屬撰寫報告，見這些日東北季風異常猛烈，以民情、天候為由，向中央要求軍隊與子彈槍砲暫時不要調離澎湖，正式拒絕了支援高雄要塞司令彭孟緝，這是他人生第一次這麼果斷地抗命。

「或許後人書寫歷史，會說是東北季風和群情沸騰終讓史文柱選擇抗命，但真正讓我願意抗命的理由，是因為看見那群吹著強勁東北季風長大的澎湖人，那種百感交集。」史文柱在嘴邊細聲說道。

另一頭，入夜時分的馬公港邊，趙文邦帶著嚴政人、王贊乙、余臺、盧鑫等人，陪同著治安隊守著臺東輪。

史文柱說到做到，這讓他們很是讚賞。

在見證了人民團結行動的力量後，同樣留守在港邊的王財情，提出了應該仿效台灣省自治青年同盟決議，準備組織隊伍自發維持秩序、召集受日本陸海空軍訓練的台籍青年，響應全省武裝總動員。

「雖然我們沒搶到武器，但組織的工作不應該就這樣終止。」王財情說道。

「我同意，今天雖然是一場勝利，但誰也沒有把握後頭還會發生什麼事，」趙文邦神情嚴肅地應和道：「我們確實也應該成立自治同盟、響應台灣，趁勝追擊。」

眾人紛紛點頭同意。

「這樣吧，如果臺東輪明天早上返航，我們明天下午就在鎮公所前集合，成立青年自治同盟，」趙文邦對眾人說道：「鑫仔跟贊乙，你們跟筆墨比較熟，讓你們去起草宣言；財情跟政人兄負責組織人起來、阿臺去找鄭石頭處理宣傳工作。」

聽完趙文邦的指示，一行人便分頭散去。

12.

一九四七年三月五日，臺灣省行政長官公署。

「蔣先生，」陳儀擱下手中的文件，假笑著對蔣渭川說：「我了解現在處理委員會以改革台灣省政治為組織綱領，也清楚前往南京市陳情的決議，這八項政治改革方案與治安、撫卹這些問題，公署都會擺在最優先的考量。」

「陳長官，處委會的事已與我無關，」蔣渭川相當嚴肅地回道：「您也知道，我們今日成立台灣省自治青年同盟，就是希望透過體制內改革來化解衝突，但公署……似乎仍在向南京方面暗中請求調派軍隊，難道……是認為血還流的不夠多？」

「同胞手足何須相殘，蔣先生所言即是我心之盼望，」陳儀假意倒抽一口氣：「您放心，我不會允許使用武力鎮壓的手段，這是我的承諾。」

蔣渭川不願相信，想起看到的流血衝突，他低下頭失望的嘆氣。

突然之間，蔣渭川滔滔不絕地吐出了苦水：「長官三番五次請我出來，利用我制止暴動，一面請我會談安頓民眾、拖延時間，一面對中央虛偽報告、請求派大兵前來。如果大兵開到時，就忘了一切的諾言，實行武力屠殺人民，慣行在福建主政時的殘酷手段來報復。」

氣氛瞬間凝結。

「這個問題我是不相信的，我是絕對信用長官及柯參謀長乃至張團長等的人格。」蔣渭川微笑道。

「現在本省兵力亦不少，而警察憲兵也足可用。」陳儀緊接著向蔣渭川發誓：「我絕對不騙你也不騙民眾，勢必以良心誠意與你們做事，倘若違背必受惡報。」

蔣渭川還猶豫著。

「不妨您跟我多說說，您對政治改革的主張，我了解您與處理委員會的看法不全然相同，但您……蔣先生，您的意見我是十分重視的。」陳儀笑道。

蔣渭川在沉默了片刻後，才緩緩開口向陳儀獻策道：「長官，我會建議要設立台灣政治改革委員會，並以台灣省政治建設協會名義提出〈九項省政改革綱要〉，政改會成員以各區鄉鎮民代表為候選人，但必須排除二二八處委會成員加入，改革綱要的草案在這裡。」

見蔣渭川遞出了草案，陳儀強著白眼不翻，心裡盤算著如何打發是好。

「嗯……蔣先生，不如這樣吧，」陳儀靈光一閃：「公署這邊委託您，代替政府向台灣人廣播，您可以暢所欲言，我想這樣有助於情勢不再惡化。」

聽到有機會改變當前的情勢，相信陳儀一番話與誓言的蔣渭川便欣然答應。

在接到陳儀命令後，由廣播人員的帶領下，蔣渭川離開了辦公室。見蔣渭川離去後，陳儀便召來柯遠芬，要他報告最新情勢的發展，在大致說明各地的動向後，柯遠芬特別提及了嘉義的狀況。

「長官，現在處理委員會見軍事對立依然，市內治安也成問題，就請市參議員盧炳欽聯絡先前擔任日軍大尉的曹族人湯守仁帶領山胞下山幫忙維持秩序，但衝突怕是要越演越烈。」柯遠芬有些擔憂道。

「嘉義方面是該展開反攻了，你先傳我令派陳漢平及劉傳能到嘉義要求處理委員會與軍隊議和，」陳儀命令道：「同時，告誡軍隊不准接受和談、繼續戰鬥。」

柯遠芬頓了會，聽懂了陳儀的指示。

「現在台中方面，謝雪紅取消人民政府後與林獻堂等成立處理委員會，顯見這些叛亂份子正在合流，稍早我見過蔣渭川，讓他去代表政府廣播，我們要設法分化這些叛亂份子。」陳儀交代道。

接令的柯遠芬趕赴處理之際，陳儀撥了電話給彭孟緝，他掛心著稍早傳出部分學生欲攻擊要塞司令部一事，想起史文桂的抗命更讓他有些擔憂。

「明熙啊？那些有意攻擊要塞的學生處理的如何？」接通電話後，陳儀立刻問道。

「回長官話，下官稍早以日語要求叛亂者繳械投降，否則砲擊整個高雄市區，並以八門七五砲砲擊體育場展示武力，」電話另頭的彭孟緝答道：「我方軍隊已向向鼓山一路一帶掃射並封鎖，方才處理委員會派了七名代表來，但下官現在拖著不見。」

「你有什麼打算？」陳儀追問道。

「回長官話，為掃蕩高雄至屏東一帶，下官有意採取全面軍事行動，假意談判只是拖延時間以準備軍事行動，等會兒會先與處委會代表約定隔日再來司令部商談，這樣今夜就能加緊行動，司令部這邊就能更加細心計畫，下官將派參謀長率領各隊長偵察地形。」彭孟緝報告道。

「知道了，史文桂那兒不知道搞什麼把戲，難為你了。」陳儀嘆道。

「謝謝長官。」彭孟緝回完便切斷通話。

得知陳儀與彭孟緝結束通話，傳令急忙的趕到辦公室內，向陳儀報告嘉義水上機場被四十餘名曹族原住民與叛亂團體共同攻擊，而紅毛埤一帶陷入激烈戰鬥，叛亂者組成的民兵已對機場斷水斷電，軍隊向公署求援，目前民兵持續透過電台招募，有台中方面的二七部隊與斗六方面的台灣自治聯軍前來支援。

「不能再丟機場了，」陳儀怒道：「速速空投補給品與彈藥去給機場內的守軍，趕緊要把嘉義收復回來。」

當傳令退下，獨自一人在辦公室內的陳儀，起身打開了收音機，聽著蔣渭川的廣播。

此時收音機裡傳來的廣播聲，強調著台灣人與戰後來台大陸人之間的族群隔閡，還開始檢討起國民政府，痛批公署的貪污、行政不當及將台灣視為征服來的領土云云。

陳儀十分不悅，本以為蔣渭川會明白他的意思，想不到居然反咬起行政長官公署。但他耐下性子聽，蔣渭川在接著便重申了陳儀將行政長官公署改為省政府的誠意，也強調政府不會對人民用兵的立場，「堂堂的長官有這樣之重誓所約束決定的事，我相信長官不敢欺騙，請大家放心」；隨後，蔣渭川在廣播中宣布成立台灣青年自治同盟，協助政府維持治安，並公布了集合得時間與地點。

終於得手的陳儀隨即發密電給南京，控訴台灣青年自治同盟，指稱「該會已號召曾受陸軍訓練之青年，今夜於台灣大學集中；曾受海軍訓練之青年，今夜於太平町集中；曾受空軍訓練之青年，今夜於松山機場集中。」

渾然不知惹禍上身的蔣渭川，一方面幫陳儀完成了辯護，一方面害自己陷入了陳儀所設的圈套。

13.

一九四七年三月五日，馬公鎮公所外。

經過激情一仗後，許多學校的外省籍教員多半都閉門不出，學校因而停課，許多學生都背著書包在街上晃著。

聽到趙文邦要號召澎湖青年與仕紳籌組「青年自治同盟」來對抗不義政府的事，有志一同的人全往鎮公所前集聚，有人為了響應台灣島的抗暴，有人因為如紀淑事件此類零星衝突有所不滿，有人則是一腔熱血沸騰。

負責擔任青年自治同盟總務組長的高雙獅想起國民政府，大嘆道：「吃銅吃鐵吃到鋁，有毛的吃到鬃簑、無毛的吃到秤錘，有腳的吃到樓梯、無腳的吃到桌櫃。」

王財情和嚴政人成功的組織起核心幹部，余臺和鄭石頭忙了一夜的宣傳工作在此時完全展現了成效，鎮公所前此刻已是人山人海。

趙文邦掃視著到場的群眾，不下前日馬公港旁抗爭的盛況，盧鑫將他和王贊乙寫好的宣言交給了趙文邦。

趙文邦深呼吸了一口氣，站到了眾人之前，開始演說。

各位！各位！各位——我們說過要站起來反抗！我們做到了！

我們有紀律、有戰略，現在我們要有組織！

各位，我們響應台灣抗暴，我們正式宣布青年自治同盟在此成立！

現場一陣掌聲應好。

作為一個台灣人，作為一個澎湖人，我們受夠了外省人的歧視！

外省人用中華民國國語做為官話，結果讓我們在政治、經濟、社會，以及工作職位相關各個層面上都遭遇了不平等待遇，更造成族群隔閡。他們說我們被日本人奴化，他們覺得自己最優秀，但我們只是奉公守法，那個置禮義廉恥於度外的不是我們承認的祖國！

現場再度響起掌聲應好。

我們不能再讓外省人壟斷權位——日本人投降撤出台灣後，我們期待有更多自治與參政的機會，但是行政長官陳儀本人不僅集行政、立法、司法三權於一身，還身兼軍事大權，比以前的日本總督還大！政府高官全是外省人，不是半山甚至不能當官！

我們無法再容忍官員貪污腐化——國民黨來台灣之後每一天都有貪污案上新聞，連檢察官、法院院長、教師都貪污，都是大筆大筆的金額！現在沒包紅包不能辦事、沒有關係不能工作，日本的資產、我們的資產，他們能搶就搶，搶了就載去中國賣掉，搶不走就破壞；這不是代表聯合國接收台灣，這是代表中國人在劫收台灣！

我們對於軍隊紀律敗壞看不下去了——這些中國兵乘車看戲不買票、買東西不給錢，跟他們要他們反而對你開槍示威，除了偷竊以外，耍賴、詐欺、恐嚇、調戲、搶劫、打家劫舍、強姦、殺人，無惡不做，連電話線、水道管、消防栓這些公共設施都被偷走！

我們拒絕再讓他們掏空民生物資——買不起糖多久了？買不起米多久了？虛假的祖國只會佔台灣的便宜，多少煤、多少香蕉、多少波羅蜜被運去大陸？多少廠的成品、原料、機械、廠房被變賣？當初，他們破破爛爛的來件到吃飽穿暖的我們，現在他們一個一個都成阿舍我們卻成天在餓死人，這還有天理嗎？

我們不要再被掠奪——日本人留下的公司全被納入行政長官公署裡面，樟腦、火柴、酒、菸全部被納入專賣，結果專賣局出產東西品質爛價格又貴，能賺錢的生產品全由貿易局統制，也只有貿易局可以賣，他們官商勾結、他們亦官亦商，剝奪我們比日本人還嚴重，大家都活不下去了！

我們要頭路——行政官公署不要再粉飾太平，現在為了生活冒險當盜賊的人有多少？不願偷盜淪落街頭當乞丐的人有多少？不願偷、也不願乞的人自殺的有多少？就算有頭路，等不到領薪水人又有多少？

我們要吃飽——他們讓物價暴漲，害我們米荒、饑荒，一人一天都不夠吃一頓米飯，只能吃番薯雜糧、地瓜葉！

我們要自治——澎湖人要做自己的主人！台灣人要做自己的主人！我們反對國民黨繼續代表聯合國軍事管制台灣，我們要建立自己的國家！

現場爆以如雷的掌聲應好，所有人都被這一番話給激勵。

我們不願意再坐以待斃，澎湖人要站起來，就像我們在台灣的兄弟姊妹一樣勇敢的

站起來！我們要有行動，我們組織同盟，我們爭取自治！澎湖人，站起來！現在就是那一天，勇敢的澎湖人，站起來吧！

趙文邦深呼吸了一口氣，高舉右手，大聲高呼：「**少年郎有血，老大朗有膏！**」

一呼百應，現場群眾一次又一次高喊著「少年郎有血，老大朗有膏」！

趙文邦在群眾簇擁下，緩緩走下台階，開始與幹部商議青年自治同盟組織工作的分配，而年事已高的參議員陳伯寮，聽到青年聚眾後便趕了過來。

陳伯寮拉著趙文邦，懇切地勸說著：「唉唷……冷靜啦！冷靜啦！澎湖就這麼小，起事了你要往哪裏跑？又不像台灣可以躲進山裏！我們勿當雞蛋撞石頭！」

但這時因為群眾高呼聲不斷，趙文邦還沒能聽清楚陳伯寮說了什麼，突然之間群眾一陣騷動，隨後傳出了數聲的槍響。手無寸鐵的群眾飽受驚嚇，開始有人高呼起「疏開」、「國民黨要殺人了」、「快逃，他們要來殲滅我們了」，數百名青年當場一哄而散。

14.

一九四七年三月六日，行政長官公署。

司徒雷登還是發函給美國國務卿馬歇爾了，陳儀不免有些頭痛。

全島性的負責團體準備正式請願一事將會使國際上得到屬於台灣民間的訊息，導致在主權最終移交給中國之前訴請美國協助聯合國介入，而美國的聲望如此地高，如果因此讓盟軍最高司令部進行臨時管理的可能性獲公開討論，甚至得出目前日本擁有台灣在法律上的主權的情況下，南京就會因此受到國際介入壓力。

行政長官公署迫切需要控制住情勢發展，南京首批派來的17師已經上陸，21師中午時分也由上海出發，憲兵第4團則從福州市趕來，新竹防衛司令蘇紹文宣布新竹地區戒嚴後頒發了軍民遵守事項，整個北台灣已經逐漸在掌握中。

而彭孟緝在高雄展開的屠殺鎮壓，分別將高雄市政府、高雄車站與高雄第一中學逐一收復，軍方以優勢武力血洗快速清理了戰場，帶頭滋事生亂者陸續被逮捕、監禁、槍斃，在一波波的無差別掃射後，暴民已經四散，而軍隊則是乘勝追擊，只待高雄市政府禮堂拿下來之後，行政長官公署就算正式鎮住高雄了。

此時，尚以為能與行政長官公署談判的人，浩浩蕩蕩地在台北成立二二八事件處理委員會，還發表告全國同胞書稱「目標在肅清貪官污吏，爭取本省同胞參加這次改革本省政治的工作」，劍指政治改革，同時派員監理台灣銀行業務、廉售煤炭千噸。

儘管如此，陳儀並不操心，處理委員會選出林獻堂、王添　、陳逸松、黃朝琴、李萬居、連震東、林連宗、黃國書等人為常務委員，他便有信心能夠控制局勢，只要把軍隊調派的消息守住不曝光就好。

於是，在向蔣中正以軍隊兵力不足為由要求調派2個師的兵力增援後，陳儀便透過廣播表示願意接受處理委員會的改革方案，準備改革省、縣行政機構，藉此確保後續收網得以萬無一失。

然而他仍有些不安，畢竟台灣省全體參政員發動緊急上電蔣中正一事，內容是把行政長官公署貶得一無是處，還要求速派大員來台協同處理及強調「勿用武力彈壓，以免事態擴大」，無疑是要對他下馬威。

蔣渭川的「台灣省政治建設協會」也緊急名義發出電文，還扯了美國人進來，只盼望蔣中正能夠對此置之不理。隨後，陳儀召了柯遠芬前來。

「派武裝警察去蔣渭川的宅邸，教訓教訓他。」陳儀冷冷地下著令。

對陳儀來說，這道命令也就如驅趕困擾已久的飛蚊，台中至台南一帶的暴民逐漸匯流集結才是眼中釘。

進駐干城營房的台中民主保衛隊改名為二七部隊，成員規模拓展極快，包括百餘名青年學生、退伍的台籍日本兵、泰雅族族人、地方民眾皆有，規模之大已經分配出埔里隊、中商隊、中師隊、警備隊、建國工藝學校學生隊、突襲隊，謝雪紅自任起總指揮來。

二七部隊不同於處理委員會與其下保安委員會主張的議會民主路線，是純正的革命軍隊，下午其中的埔里隊已逮捕以蔡志昌為首的軍統特務四十多名並拘禁於台中監獄，整個部隊控制台中市政府、警察局、憲兵隊、軍械庫、廣播電台，計畫以武力對抗軍隊的武力鎮壓，並支援嘉義、虎尾等地與駐守軍隊的武裝抗爭。

在斗六警備隊的協助下，雲林民兵持續包圍虎尾機場的駐軍，雙方爆發激烈戰鬥；台南市兩千餘名學生也在經協調而不通過軍事區域後，發起無武裝遊行活動，但學生拿到槍就可以是兵，整個中南台灣一帶集結整隊對於局勢來說無疑是一大破口。

必須從情勢已得控制的北台灣與高雄開始推進夾擊。陳儀心想。

此時，武裝警察在柯遠芬的指示下，已經趕到蔣渭川家中。

當蔣渭川聽到門外武裝警察高喊「我們奉命要來槍斃你」時，拔腿就跑，來不及帶走的家宅隨後便被武裝警察血洗，蔣渭川的掌上明書蔣巧雲當場慘死，兒子蔣松平身受重傷，而奪門而出的蔣渭川自此展開了為期一年的逃亡生涯。

15.

一九四七年三月六日，火燒坪宮前廣場。

胸前早已無前一天在鎮公所前的激情，本期待能在馬公港打完勝仗後，透過建立自治同盟與軍政單位重新建立澎湖的治理運作原則，突來的幾聲槍響衝擊了一切。為了避免連累家人，趙文邦與嚴政人、余臺及盧鑫和其他青年自治同盟的幹部分散，他們三人在群眾掩護下躲進了火燒坪宮內。

一天一夜過去了，知道三人躲在火燒坪宮後，群眾開始聚集在廣場前。下午時分，嚴政人決定到外頭察看週邊時，遭遇了成隊的武裝警察，當場被直接開槍射殺死亡。

聽到槍響後，余臺急忙起身走出廟門，臨走前要趙文邦絕對不要輕舉妄動。見到成隊的武裝警察包圍起廟埕，群眾展開了武力不對稱下的對峙，手無寸鐵的群眾面對著武裝警察高舉長槍，沒有一絲退卻。

「出來！**把帶頭叛亂的趙文邦交出來！**」帶隊的武裝警察高喊道。

「你們要幹什麼？」余臺高喊道。

被武裝警察認出的余臺，還沒來得及弄清發生什麼事，便被一名武裝警察開槍擊斃，被驚嚇的群眾中有人放聲大哭了起來。

這又一聲的槍響，讓趙文邦及盧鑫趕了出來。

見到余臺倒在血泊中，盧鑫再也無法容忍，拿起棍棒就往武裝警察身上狂毆，趙文邦還沒能制止，瞬間數槍齊發便把盧鑫打成了人肉靶子。

一瞬之間，武裝警察便用無情的子彈帶走了趙文邦的弟兄們。

「趙文邦在哪，把人交出來，不然我們格殺勿論！」帶頭的武裝警察高聲喊道。

趙文邦緊握著拳頭，內心種種的不甘，看著三具屍體，想起這些年與弟兄共處的種種，想起他們起身抗暴後如今壯志未酬，淚珠從他臉頰旁滑落，餘光之中，他瞥見武裝警察身後賴忠部、王邁華、劉出民和陳國刓四人的身影。

「王國清、鄭石頭等人已經被逮捕了，」帶頭的武裝警察繼續高聲喊道：「就連參議員陳伯寮也收押，**立刻把趙文邦交出來，否則把你們通通殺掉！**」

「不！」趙文邦扯開了他的嗓門，用宏亮的聲音高喊道。

現場突然鴉雀無聲，所有人的目光都聚焦到趙文邦的身上。

「不要再有人流血了！」文邦舉起雙手高喊道：「**我就是趙文邦！**」

趙文邦掃視著到場的群眾，武裝警察紛紛上前圍住他，兩名武警緊緊抓牢著，將他押走。

「大家回家吧，夠了，」趙文邦對群眾高喊道：「留得青山在！」

這時，跟在武裝警察身旁的賴忠部、王邁華、劉出民和陳國刓四人，正與趙文邦擦身而過；趙文邦知道，就是這四人出賣了所有人，就是他們害死了嚴政人、害死了余臺、害死了盧鑫。

「你們這些抓耙子！」趙文邦朝著他們四人臉上大吐口水道。

「趙文邦，安分一點！」帶頭的武裝警察用槍托敲了趙文邦的左肩。

就這樣，一整隊的武裝警察將趙文邦一路押到縣政府旁的警察局內。

警察局留置所裡的牢籠內，處理委員會被抓了七人來，趙文邦知道接下來他所要面對的，是整個司令部的清算。

他深呼吸著，心情意外地平靜，想起了在家的王木莉，不免有些愧歉。

這時，被關押在一旁的陳大欣邊數著牢籠的欄杆邊說：「七支鐵柱……啊，不會死啦，只是要七七四十九天才能看見光明。」

16.

一九四七年三月七日，馬公要塞司令部。

「報告司令，叛逆、叛亂份子中帶頭起事者，已經全數逮捕完成，包括趙文邦。」一名傳令向史文桂報告道。

「知道了。」史文桂淡淡地說。

統領五千四百人，馬公要塞是全台灣僅次於高雄、基隆要塞的重鎮，因為身為軍階最高者而接下要塞司令，史文桂知道自己肩頭擔子有多重，澎湖是掌握台灣防衛最重要的外關口，無論如何都不能亂。

他知道早在台灣爆發二二八事件前，澎湖縣居民便與外省籍官兵關係緊張，但賴於地理阻隔難以應援，加上島內糧食欠缺，駐軍經過加強防備，又說服地方要員協調，這些日子就發生這幾起騷亂而已。

對比起每天看到台灣的情勢電報，澎湖確實沒那麼嚴重。

當台灣本島展開大規模綏靖工作後，澎湖縣被劃為馬公綏靖區，由史文桂負責主持，他便要求澎湖縣地方軍警主要防範要犯潛逃各個島嶼，亦加強監控、搜捕嫌疑分子，至此展開了逮捕的作業。

17.

一九四七年三月六日，血腥的高雄街頭。

彭孟緝的軍隊在高雄大開殺戒。

槍林彈雨一陣又一陣，倒下的血肉之軀一身又一身，在高雄工業職業學校建築科的曾正己實在放不下心，說什麼也要趕回學校去巡視。

不幸的是，就正好遇到殺紅眼而不講道理的國府軍。

聽見掃射的聲響，他本能地蹲下了身，卻怎麼也沒想到一顆流彈就這樣射中他的下顎，一瞬之間，未婚妻的臉龐閃過了他的腦海。

國府軍掃射的聲音逐漸遠去，他強忍著劇烈的痛，眼看已經無法就醫，他只好趕回家中。二十六年的人生，大家說他前途似錦，還想著或許有一天能夠當上校長，他邊想著，邊硬撐到了浴門邊，就想在鏡子看一眼，到底傷得如何。

他想起堂弟伯祿，念著說好過些日子還要回澎湖帶他出門去玩的，還有那有些日子沒回去的老家，他彷彿能看見三合院的模樣。

但疼痛越來越強烈，他的意識卻漸漸模糊。

突然之間，他跌了下去，應聲倒在浴廁中。

當家人發現時，曾正己早已經失血過多身亡了。

18.

一九四七年三月七日起，鮮血遍染的台灣島。

動亂延燒了一整週後，暴民的橫行在國府軍開始援入後被持續削弱。

三月七日，國府國防最高委員會開會，決定最近改組台灣行政機構，取消行政長官公署並改組省政府；而黃朝琴及王添灯所提出的《三十二條要求》，包括武裝軍警繳械、撤銷警備司令部，陸海空軍人員一律用本省人等主張，但被已知有精銳部隊支援的陳儀斷然拒絕，晚間王添等人仍於台北廣播電台廣播播出原三十二條要求內容。

隔日，行政長官公署於《臺灣新生報》發表一篇聲明，正式將《三十二條要求》全面否決，並以之作為武力鎮壓的理由，甫登陸的21師開始於基隆展開屠殺平民之軍事行動，彭孟緝也進入屏東屠殺，而國府閩台監察使楊亮功則率憲兵第四團由福州抵達基隆港。

這時全省除高雄、基隆、新竹外，民眾控制大部縣、市，各級處理委員會實際行使行政管理職權，並成立治安自衛隊；國府除以「清鄉」的名義各地民眾進行捕殺，更開始鎮壓新聞界，

《臺灣新生報》李萬居遭軍警毆打，《民報》、《中外日報》、《大明報》及《重建日報》均被封鎖，主要負責人均被捕，而王添燈也被收押。

三月九日，21師進入台北，展開連續五天的屠城，台灣警備總司令部再度在台北市下戒嚴令；隔日，蔣中正在中樞擴大紀念週演講時稱：「務希臺省同胞深明大義，嚴守紀律，自動取消非法組織，恢復地方秩序」，並公開將二二八事件歸咎於是共產黨徒策動的。

陳儀下令解散二二八事件處理委員會，隨後警備總部約談台灣首位哲學博士林茂生，而林桂端律師因替王添燈辯護便被憲兵押走，台中縣國代、台灣省律師公會理事長林連宗及台北律師李瑞漢同樣被逮捕，至此後下落不明。

三月十一日，國民政府特令國防部長白崇禧來台灣「宣慰」，並權宜處理各項事務；白崇禧上午先在南京接見台灣省旅居上海代表，面告政府處理台變方針。

國民政府也下令全面管制台灣一切交通、通信，直言無諱地報導的《民報》連續兩天遭到莫名襲擊與搗毀，《民報》社長林茂生從家中被七名便衣帶槍人員帶走、《人民導報》社長宋斐如被六名便衣帶槍人員帶走，兩人至此下落不明。

國民政府同時免除了國民參政員杜聰明的台大醫學院院長之職，而企業家陳炘被台北市刑警隊長率六位員警拘捕後下落不明，屏東市參議議長葉秋木更遭綑綁遊街示眾後槍決。

三月十二日，二七部隊決定撤退至埔里，台南市著名律師湯德章遭中華民國軍在民生綠園槍斃示眾；而國民政府將蔣中正為二二八事件撇清責任的聲明，印成傳單在台灣各地空投。

隔日，國府21師在黃朝清等士紳歡迎下浩浩蕩蕩進駐台中市，此間中華民國軍分別進入宜蘭、台中展開屠殺，而嘉義市民代表陳復志遭中華民國軍綑綁示眾後槍斃。

國民政府對於非親國民黨民黨的報紙下令全部禁止發行，《新生報》總經理阮朝日被五位身穿中山裝的青年逮捕、日文版總編輯吳金鍊在報社辦公室被逮捕，兩人至此下落不明。

整整一週，遍布全台灣的血腥鎮壓與清鄉，讓許多台灣菁英及平民百姓因此罹難。

19.

一九四七年三月十三日，澎湖縣警察局留置所。

在台灣島整整一週被鮮血染遍之際，待在監牢裡的趙文邦與其他被視為「叛亂、叛逆」的帶頭者，因為被當成叛亂嫌疑犯，國民政府打算「全部殲滅」。

然而，地方仕紳不斷地陳情，讓不願再陷入動盪與衝突的史文桂司令並未下令開槍，但儘管參議會與官員多為被關押者辯護，強調他們跟台灣那些流氓的不同，被關押在留置所裡的趙文邦等人，仍然飽受刑求虐待。

從沒有想過，爭取自治與獨立，竟然被認為是一種罪。

支撐他熬過刑求的，是與眾人一同起義的決心，但他並沒有任何幻想，他知道無論能否活著走出監牢，他們所追求的理想，都將會是一條漫長的路，甚至需要數代人接力完成下去。

「留得青山在」，他記得他在火燒坪宮前對群眾說的最後一句話。嚴政人、余臺、盧鑫的臉龐和屍首他都記得，他知道他們很快就會被軍管政府從歷史紀錄裡頭抹去，但這些英雄都不應該被遺忘。

至少擋住了臺東輪，不知道能保住多少在高雄的同胞手足，但終究是逼到了史文桂的退讓，他們沒有白白犧牲。

他想著這一切，告訴自己，如果還能活著離開，不要讓革命的火苗熄滅，哪怕只剩下在心中一絲絲幽微的火光，總有一天可以照亮黑暗。

他告訴自己，別恨那抓耙子四人了，嚴政人、余臺、盧鑫不是因為這些鼠輩的告狀而死，他們三人是為了理想奉獻了生命，這個故事應該也必須被這樣記得。

但隨著武裝警察過一段時間便從牢籠裡帶走一人，而離去者再也沒有回來過，趙文邦並不害怕，卻對家人與王木莉感到愧疚，好像還沒有機會孝順到長輩，好像總是讓大家替他操著心，好像還有太多的可惜。

人一個一個的被帶走了，他想起陳大欣在數欄杆時說的話，卻有點分不清真假。

這時牢房裡已經空蕩蕩，除了自己，趙文邦孤身在牢中，無人作伴。

在警察局外頭，此時午後的日光正烈著，剛從馬公國小被母親接來的趙秀雄，聽到母親說「你哥要放出來了」的時候，心裡萬分雀躍。

但他們等了好久，等到內心都忐忑起來。

不耐煩又擔心的趙秀雄，爬上警察局的木窗偷看，正看到一個身型魁梧的警官，手上拿著撞球竿，對著牆上的大地圖說話，神情看起來十分激動。

「阿兄怎麼還沒出來啊？」攀在窗子旁的秀雄問著母親。

母親見趙秀雄攀在警察局的窗上，心一驚趕緊將孩子抱了下來。

此時，趙文邦被從牢房中押了出來，進到了掛有大地圖的辦公室內。他一眼就認出身型魁梧的熊督察，從對方的表情看來似乎不免又要忍受一陣痛罵。他心想。

「趙文邦，好大膽子。」熊督察揮著撞球竿大聲喝斥道。

「喔。」趙文邦笑著，他其實沒理會熊督察，視線全在那秋海棠狀的牆上大幅地圖，突然脫口而出地說：「外蒙古獨立不是都承認了嗎？中華民國還好意思呢。」

熊督察一聽趙文邦所言便大動肝火，拿起撞球竿砸向了桌子。

「這是什麼？」熊督察拿著斷一半的撞球竿，指著地圖大聲地問。

「中國民國啊。」文邦笑了笑。

「算你腦子還清楚。」熊督察假意冷笑了聲。

「這地圖真好，中華民國全覽圖，但是……」趙文邦放肆地笑了起來：「澎湖在哪裡啊？台灣在哪裡啊？」

地圖上，澎湖跟台灣確實沒有被劃入中華民國，惱羞成怒的熊督察一巴掌甩向了趙文邦的臉，大聲罵道：「他媽的，沒有我們打贏八年抗戰解放台灣，你們還在當日本鬼子？不跪下來感謝還敢造反？」

正當熊督察打算動手打人時，史文桂司令推開了門，淡淡地說：「夠了，放人。」熊督察見史文桂司令一到，趕緊收斂起來，一時困惑的趙文邦看著兩人沒有動作，挺起胸慢慢地走出了辦公室。在長廊間，他依稀聽到史文桂對熊督察下令，要他發電報去南京，報告說「澎湖島上的仕紳們為保民盡力協調，未引起更大混亂、未捲入二二八事件」。

他有些疑惑，更多的是猜想自己是否重獲了自由。

走在警察局內，沒有任何人攔阻他，直到走向門外，看見久候多時的趙秀雄與母親，他深深地擁抱他們，擁抱著自己重新得到的自由。

隨著母親與趙秀雄，趙文邦回到了家中，在養生堂的門口，他看見家人為他擺著的火爐。當腳跨過火爐的那一刻，他望向了火爐一眼，再度想起自己在火燒坪宮前對群眾說的那句「留得青山在」。

不怕沒柴燒。趙文邦心想。

Ch.5空雷未雨之島

01.

一九四七年三月，被血洗的台灣。

對於國民政府和行政長官公署來說，綏靖與清鄉工作已屢屢告捷。

三月十四日，台灣行政長官公署秘書長葛敬恩乘專機飛抵南京，代表陳儀向蔣中正報告事件經過，堅稱暴動原因是日本殖民時代遺留之鷹犬與近由海外遣回之台籍浪人受奸徒煽惑，也強調台北、新竹間已恢復通車，展現綏靖與清鄉工作的成果。

警備總司令部下令解散政治建設委協會後，宣布展開全面性肅奸工作，王育霖律師在台北被六位穿中山裝的軍人強行押走後下落不明；而二七部隊獲悉國府軍約八百人到草屯，便派員在途中攔截擊退。

隔日，中華民國軍包圍草屯，但二七部隊拒絕投降。同日，台人旅居上海團體代表抵台調查，陳儀透過警總與公署嚴密牽制其行動，此時軍政發表聯合公告，宣布台南開始白晝解嚴、台中治安恢復常態。

三月十六日，二七部隊遭中華民國軍集中火力圍攻。

雖然鎮壓的戰事越見順利，但也引發美國的不滿，美國駐華大使司徒雷登向蔣中正提出備忘錄批評陳儀的鎮壓行為，且要求陳儀撤職，擔心美援落空的蔣中正勉強接受撤換的意見；然而當各界撻伐陳儀的聲浪風起雲湧時，陳儀一手導演國大代表、參政員、省縣市參議會、各保甲長聯名電呈中央挽留自身職位的戲碼。

次日，國防部長白崇禧於中午搭機抵達了台北，開始處理善後事宜。下午時分，白崇禧發表宣字第一號公告，昭示中央處理台灣事件之基本原則：

一、改台灣省行政長官公署為省政府，縣、市長提前民選，並儘量選用本省人士；

二、台灣警備總司令不由台灣省政府主席兼任，省政府委員及各廳、處、局長，盡先選用本省人士，政府機關職員，凡同一職務官階者，本、外省人員待遇一律平等；

三、民生工業之公營範圍儘量縮小，現行經濟制度及政策分別修正或廢止；

四、各級二二八事件處理委員會及臨時不合法組織自行宣告結束，參與事變有關人員，除共產黨外，一律從寬免究。

見態勢如此，陳儀無奈之際只能電請蔣中正表示自請辭職，三月十八日蔣中正批准陳儀請辭後慰勉他「收復台灣，勞苦功高，不幸變故突起，致告倦勤，殊為遺憾，現擬勉從尊意。」

此間連續兩個晚上，陳儀數度致電徵求蔣經國接任台灣省主席，卻遭到蔣經國堅決拒絕。

三月十七日，台灣高等法院檢察官吳鴻麒，被處死於南港石橋。

三月十八日清晨，蔣經國第一次踏上台灣土地，抵達基隆，並由要塞司令史宏熹陪同視察；當日下午，白崇禧在台北賓館招待各界，稱整起事件是受少數共產黨分子及少數浪人之煽動，現大致安定，僅有少數青年現仍避居深山，盼望彼輩早日歸來，各安生業，政府決不追究。於此同時，中華民國軍獨立團進駐台東展開武力鎮壓並將戒嚴令由台北市擴及到全島。

三月十九日，145旅進駐台南、435團進駐台中；隔日，白崇禧、蔣經國等一行抵達屏東，召集地方黨政軍人訓話，白崇禧同時發表受害公教人員撫卹傷亡賠償損失辦法，鼓勵外省籍公務人員不要因曾受到生命財產損害而灰心喪志，須知極大多數台胞仍極愛國。

三月二十一日，白崇禧、蔣經國等一行抵達高雄，向要塞區官兵訓話。在全島公路恢復暢通的同時，中華民國軍展開全島性澈底的血腥清鄉工作。

隔日，中國國民黨第六屆中央執行委員會第三次全體會議舉行第八次大會中，將陳儀撤職查辦，通過彈劾陳儀及要求其辭職；而監察院則派遣監察委員何漢文前往台灣以協助楊亮功的調查，兩人調查期間亦和白崇禧交換意見並達成共識。

白崇禧在台中向全省廣播時稱：「對於此次圖謀叛亂的主犯，必須從懲辦；現台灣警備總司令已決定分區綏靖，如共黨暴徒仍執迷不悟，將劫奪警察槍枝及倉庫武器彈藥被服不予繳還，國軍為綏靖地方，必須痛剿，澈底肅清。」

當日開始，警備總司令部重新規定戒嚴時間為自二十一時至次日五時，並開始對台灣人民展開恐怖報復、對公務員則展開受難救濟，嘉義市參議員潘木枝及畫家陳澄波等十一人在火車站前被槍斃。

三月二十三日，白崇禧、蔣經國等人抵嘉義、彰化、台中，由林獻堂、丘念台陪伴。隔日，行政長官公署在嘉義集體槍決七十名涉及事件的台灣人，而《台北和平日報》社長李上根失蹤。

三月二十五日，國府公布〈奸偽澈底肅清辦法〉，並強調台北損失慘重，公教人員死傷九百餘人，而白崇禧則在台北對記者稱：「據各地所見，台灣之騷亂，大致平息，至逃匿深山僻壤之少數暴動分子及共產黨徒，約千人，凡不明向政府悔過自新者，國軍將追蹤搜尋。」

三日後，白崇禧召集警備總司令部參謀長柯遠芬等舉行會議，指示四點：

一、現所拘捕關於二二八事件之人犯，應速依法審判；

二、今後拘捕人犯，必須公開依照規定手續為之；

三、除台省警總司令部外，其他機關一律不得發令捕人；

四、參加暴動之青年學生，准予復學，並准免繳特別保證書及照片，但須尤其家長保證悔過自新，可予免究。

三月三十一日，歷經一個月的關押後，查緝員傅學通、葉得根、盛鐵夫、鐘延洲、趙子健、劉超群等六人均被以殺人及傷害案件起訴，經台北地方法院檢察官偵查終結後向傅學通、葉得根等人提起公訴。

四月一日，白崇禧在台北舉行記者招待會，就台灣今後局勢宣布善後措施，強調必須以「殺一儆百之效」在台灣厲行統；次日，白崇禧專機離開台灣返回南京，臨行前指示台灣各軍政機關，務必將這次圖謀叛亂之首要分子依法嚴懲。

白崇禧巡按台灣期間，會見台灣省行政長官陳儀等人，並不斷向民眾廣播，聲明政府軍事行動已暫告一段落，將以和平寬大的方針處理此事；這段時間裡頭，白崇禧救了不少台灣士紳，而白崇禧在報告中則是嚴批陳儀、建議處分柯遠芬、嘉獎彭孟緝。

四月三日下午，**地方法院刑庭庭長宣判，誤殺台北市民陳文溪的傅學通判處死刑、褫奪公權終身**；以槍托打傷林江邁的葉得根判處四年六個月有期徒刑、褫奪公權三年。其餘盛鐵夫、鐘延洲、趙子健及劉超群無罪開釋。

02.

一九四七年四月，持續被血洗的台灣。

國民政府下令禁止公務員、教員及學生穿軍服後，便調整了公務員待遇藉以安撫二二八事件後的浮動人心，而中國國民黨中常會開會通過三中全會各決議案，其中最受矚目的便是台灣行政長官陳儀撤職查辦案，要求政府立即執行。

四月四日，花蓮縣參議會議長、制憲國代張七郎父子三人遭逮捕槍斃。

四月六日，國民政府下令恢復對煤炭的管制，隔日則下令設置經濟警察。

國防部長白崇禧在中樞紀念週報告台灣事變之起因並提出善後措施：

政治上將台灣行政長官公署改為省政府，並增加省府委員人數，於省府各廳、處、局增設副職，經濟上將專賣局撤銷，改為菸酒公賣局，貿易局改為供應物資機構等。

四月十一日，楊亮功要求柯遠芬提出處決報告，指責其違法殺人作惡；楊亮功與何漢文返回南京市後，向監察院院長于右任報告，同日丘念台也上書表達見解。之後楊亮功和何漢文就政治、經濟、教育、善後等撰寫報告書與改革建議，並向蔣中正回報。

四月十二日，當國民政府下令免除食糧業與運輸業的營業稅一年而行政長官公署下令放寬進出口限制之時，台灣旅滬六團體公布，自八日至十六日台胞至少被屠殺萬人以上。

這段時間裡，四處都有年輕人被屠殺，有些在被刺刀刺死前，先被閹割、去耳、削鼻，之後屍體被丟入溪流棄置數日，每天都有更多屍體被發現。

曾有外籍人士看到一位騎腳踏車的男孩被憲兵攔下，顯然因為他停下來舉起雙手的速度不夠快而惹怒了憲兵，他們命他伸出雙手，然後用刺刀砍下雙手再砍人。也有外籍目擊者看到部隊肆無忌憚連續搜查五家房屋，射殺每一位來開門的人；許多外籍人士都目擊載滿士兵的軍車全城疾駛，集體以機關槍掃射群眾與個人。

無論長官在廣播或公告中說了什麼，擄掠搶劫才是每天的命令，但當外籍媒體訪問行政長官陳儀時，他總是否認整個事件的嚴重性，說這其實是微不足道的，只是一個地方意外，肇於壞因素；陳儀還說，如果他手上有足夠的兵力，事情連一點點的嚴重性也不會出現。

陳儀強調台灣一直就有共產黨，只是被日本人關住，中國占領之後他們被放出來開始煽動麻煩。他也說共產黨來自大陸。但所有外籍媒體都斬釘截鐵說沒有任何共產黨活動的跡象，他們不相信這島上有任何共產黨員可言，唯一的例外是謝雪紅，但她在外籍人士眼中被認為只是一位台灣的愛國份子。

殺戮與掠奪沒有停止，完全錯誤的統治仍在持續。

03.

一九四七年四月十二日，澎湖縣民眾大會。

自從司令部展開逮捕後，趙文邦就再也沒有見過王贊乙。

儘管十分掛念，但他知道，這時候沒有見面未必是件壞事。自從他離開警察局地下室那小小的牢房裡回到家中，家裡外頭始終都有人在監控。

讓他意外的是，今天穿著警服上門來拜訪他的人，是許久未見的陳麗香。

「文邦兄，您還好嗎？」陳麗香想關心，卻又怕多問。

「唉……能好到哪裡去呢？」趙文邦感嘆道。

他們聊起了整場革命事件，正好在這段期間送往本島受訓的陳麗香，說她受訓地點正好在台北木柵。

「每天都聽教官說暴徒已經攻陷台北城、會打進警察學校，我們都嚇得要死。後來又聽說基隆開始殺人，把老百姓手掌用鐵絲串起來，一個一個推進海裏，我們全都嚇壞了。」陳麗香嘆道。

「這些關於屠殺的記憶，是該想辦法讓鄉親知道，儘管殘酷，但不能遺忘。」趙文邦對陳麗香慎重地說道。

「我聽說去高雄的楊得龍，在煉油廠擔任警察，結果軍隊去煉油廠掃射時他腰部中彈，」陳麗香忍不住淚流：「那時候高雄市區一片混亂，他來不及送醫救治，就這樣失血過多而亡了。」

「我聽說正已兄也是被流彈帶走了……」趙文邦搖著頭。

「只能說澎湖比起來實在好上許多，說起來…史司令算開明的，我聽說他很快就處理了紀淑案，也苦心安撫民間，現在也努力讓相關人等全身而退……」陳麗香感嘆道。

「惡就是惡，相比也沒有意義，史司令就算心無歹念，也總是幫兇之一。」趙文邦有些幽幽然地說著。

「這樣的話，文邦兄等等會去參加民眾大會嗎？」陳麗香好奇的問：「我聽說好像有要事要宣布。」

「我現在去不得啊，」文邦嘆道：「你的同仁，整天都在我家門口站衛兵喔！」

陳麗香明白了趙文邦的意思，便先行離去。

在民眾大會的現場，好奇的民眾不知道將會有什麼大事要宣布，私下議論紛紛，直到馬公要塞司令史文桂登台講話，才安靜了下來。

「本年二二八事變發生蔓延全省，祇澎湖安定如常。國府主席蔣公以澎胞對茲事變嚴守秩序，深為嘉許；又以列島生計困難，特發國幣二億元合台元五百七十一萬四千，派國防部長白崇禧上將宣慰賑撫。」史文桂對民眾說道：「部長施奉召回京，不及來澎。遂派文桂代表宣達主席德意，並發放賑款。文桂今日召集民眾大會，代表宣慰，近日將召集地方政府及各法團首長士紳，商討賑款發放辦法。」

原來，蔣中正打算一人發一原來犒賞澎湖人。

但最終錢並未全分給民眾，兩日後史文桂如約召集地方政府及各法團首長士紳，商討賑款發放辦法，會中決議半數普遍發放全澎同胞，以半數修建永久建築，內撥八十萬台元建築中正公園紀念主席。

就這樣，史文桂勘定觀音亭、水產學校間海岸公地為園址，由司令部發動兵工，整個中正公園的範圍涵蓋觀音亭與水產學校之間的海岸，原為日本時代的海水浴場，公園工程的內容尚包括舊有浴場、涼亭、廁所、休息室，以及浴場更衣室、沖水室、搖籃、跑馬台、網球場、排球場、籃球場、階梯、石凳暨防波堤的新建等。

為紀念蔣主席此舉，地方各界會商決議撥出一部分獎金興築中正公園，其入口牌樓上提「西瀛勝境」四字。

但在史文桂司令興建西瀛勝境牌樓與整個中正公園的工程中，澎湖人的心裡都明白，那句「澎湖安定如常，未引起更大騷亂，嘉勉澎湖縣未捲入二二八」的諷刺；而陳伯寮參議員那句「做人勿當做雞蛋撞石頭」，確實讓澎湖在台灣各地陷入清鄉血洗中避禍，澎湖處理委員會主委許整景也未如台灣各地處委會的仕紳那樣遭清算而得以平安無事。

儘管如此，縱使是空雷未雨，在這一年的三月之初那聲聲震雷，依然是澎湖人奮力一搏的共同記憶。

許整景雖然一度被官方列為「危險人物」而險遭秋後算帳，但史文桂交代他寫一份完整的事件報告並交給前來宣慰的白崇禧，因此脫身。

隨著澎湖的抗爭結束，史文桂開始思考著是否該邀請趙文邦到要塞司令部來當筆生、內務，他總是忘不了那雙堅毅的眼神，那超越二十三歲的過人勇氣，這樣的人才如果能在司令部裡頭，對他來說與許會是件好事。

儘管如此，史文桂仍是在與地方仕紳會談後，在澎湖展開了清鄉工作，雖然不如台灣那般全面血洗，這一個月的清鄉仍讓許多澎湖人受了不白之冤、面臨冤枉的牢獄之災。

04.

一九四七年四月，依然被血洗的台灣。

此時革命之火已熄。

零星的火苗，各自往不同的方向飄去，而台灣仍在悲慘的地獄之中。

四月十三日，吳振南在日本橫濱創立了「台灣住民投票促進會」。同一天，天花由台中、高雄兩地傳染到嘉義、屏東後，繼續波及潮州、枋寮。

三日後，國民黨動員教育界發表聲明，指二二八事件是叛徒借題乘機搗亂，同時逮捕新港鎮正副鎮長吳石麟、陳榮昇二人。而國府軍內部依然嚴重腐化，台灣省總備總部下令嚴禁買賣軍品。

四月十七日，蔣中正被推選為國民政府主席，中國國民黨中常會通過《國民政府組織法》並公布《國民政府施政方針》，中常會並通過蔣提出之國府五院院長名單，同時對台灣下令實施全島戶口總清查。

隔日，美國大使司徒雷登向蔣中正遞送〈關於台灣情勢備忘錄〉，而國府下令禁止輸出樹薯、樹薯乾、樹薯粉。當天，蔣中正在國府禮堂招待新聞界發表談話中強調國家已由訓政開始進入憲政。

四月十九日，台灣省政府接收日本政府留下的台灣人民財產成立農林企業公司；隔天宣布縮短戒嚴時間，自午夜十二時至翌晨六時。

四月二十一日，國府截止二二八事件參與者自首；隔一天，台南縣議員黃媽典遭國府毒打遊街示眾後，在新營圓環槍斃。而行政院院會撤銷行政長官公署，改制為省政府，同時由立法院副院長魏道明擔任首屆臺灣省政府主席，各廳增設副廳長，由本省人擔任。

四月二十三日，二七部隊鍾逸人被逮捕並判刑十五年；隔日，陳儀舉行他任內的最後一次記者會。

四月二十五日，參與攻擊嘉義機場行動的四十餘人自首，而台灣省憲政協進會發起「台灣新文化運動」；隔日，國府下令解除金屬及其製品的輸出禁令。

四月二十七日，國府公布台南縣自首的參與者共計四百六十七人；兩日後，國府通過台灣省政府委員人選十四名，其中七名台籍人士多為「半山」，行政院核定台灣省政府委員、廳長和處長人選，二十二個職位中有十二名台籍人士。

四月三十日，國府公布台中地區自首的參與者共計一千三百餘人，而嘉義市參議會開會時缺席五名中的四位已遭國府處決死亡。同日，國府撤廢「台灣省日產處理委員會」並改為「日產清理處」。

五月三日，國府無力遏阻單純傳染病天花的蔓延，遂使東部也受感染。

五月五日，國府台灣省警備總司令部改制為警備司令部，由彭孟緝就任司令職，開始軍事恐怖統治。

五月十一日，台灣省行政長官陳儀卸職離台，並調任浙江省主席。

陳儀離開後，台灣第一任省主席魏道明走馬上任，魏道明抵達台灣後便與行政長官公署進行交接，正式成立省政府，宣告國民政府正式撤廢台灣省行政長官公署，警備司令部並宣布將暫時解除戒嚴及各項交通管制。

五月二十三日，國民政府將台灣省專賣局改為台灣省菸酒公賣局。

六月一日，因大批砂糖遭運往中國變賣，國民政府開始實施配給每人每月250公克；然隔日在仍缺糖的情況下，國民政府又將十萬噸台灣砂糖劫往上海。

六月四日，國民政府追認在台灣的六十二名革命烈士，隔日警備司令部公布二二八事件首要人犯三十名。

六月六日，台北市參議會反對日本移民台灣並反對將台灣交國際共管，隔日國民政府中央下令將台灣的陸海空軍統由警備司令部指揮。

六月十一日，國民政府將參與者的自首日期延長到月底，三日後中部綏靖工作結束，省政府設立中南部警備區。

05.

一九四七年六月十七日，馬公要塞司令部。

一夜未眠的史文桂覺得萬般疲累。

他在窗邊，看著島嶼的邊際微有亮光，總覺得一切似乎無比漫長。

走回辦公桌前，他打開了抽屜，拿出菸斗，緩緩地將菸草紮實的填壓進其中，然後劃起一根火柴，點燃。

太陽也緩緩地升起。

桌上那份〈台灣二二八台民叛亂澎湖區叛逆名冊〉他寫到一半，今天就要上繳〈澎湖縣參加二二八事件附和盲從份子處理情形簡明表〉了。

如果當時把兵跟槍砲都調去高雄呢？

他想了想，人生無須多做假設性的想像。

菸草抽到盡頭。

陽光穿過窗台，照映著他，他想著選擇與他截然不同處理方式的彭孟緝，現在官位迅速攀升，他在心裡默默地咒罵著自己的影子跟隨著這種失敗者。

但也沒那麼失敗，或許比起歷史如何歌頌，保住了這座島上的生命那還是重要些。

回到桌前，提起筆，他在姓名欄上添了個名字，「趙文邦」，年齡二十三歲，擔任偽職處委會委員，罪行「組青年自治同盟」。

他莞爾一笑。

06.

一九四七年六月，不知何去何從的台灣。

六月十八日，丘念台由中國返台，但堅辭國府長官公署民政廳長之職；兩日後，台灣省參議會開議，因被殺、被捕、失蹤而缺席者超過三成。

這時，國民黨在中國與共產黨的內戰已經敗象橫生，短短兩年之內丟失了大半控制區域，美國國務卿艾奇遜為了擺脫對華政策失敗的責任，在杜魯門總統同意下出版、發表有關遠東政策的《中美關係白皮書》，試圖打開與中國共產黨談判的大門以便承認中共政權，此舉對中國局勢產生立即性的影響，眾議院否決款項使美援就此中斷，導致中國將領固守廣州的決心大為之動搖。

一九四八年八月十五日，李宗仁在離開北平飛往南京前對記者發表談話，公開表示希望與中國共產黨恢復「和談」，至此開始——情勢對於蔣中正個人越趨不利，白崇禧主張邀請美、蘇兩方聯合調停衝突，並致電政府停止作戰；抗戰時第一戰區司令長官程頌雲、河南省政府主席張翼三等人則是通電要求蔣中正下野。同一時間，對蔣中正失去信心的美國政府在中國公開策動「倒蔣運動」，就連中國國民黨內也有不少人跟著高呼下野。

十一月，廣州已告失陷，此時美國對華政策幾乎是劃下了休止符，兩國外交關係陷入谷底。面對節節敗退、每況愈下的戰局，蔣中正很早便把撤退所在的眼光放到台灣，在秋意甚濃之際，蔣中正及國民黨高層開始將資產、技術人員、家屬等渡海轉移到台灣來，實質上把台灣當作中國大陸失守後的最後反共基地，而中國共產黨軍隊則在福建部署重兵準備犯台，使台灣安全危在旦夕。

然而，已對蔣政權失去信心的美國十分不樂見蔣中正遷台的決定，當國民黨人員陸續抵達台灣，美國駐台北總領事克倫茨便向美國國務院發出警告表示「如果蔣中正及其政府部門遷往台灣，必將危及台灣的和平與安全」，而美國國務院也持相同態度；因此，為了阻止蔣中正「遷台」，美方便積極接觸擔任臺灣省主席的魏道明，而在與克倫茨密會中魏道明「表示如果能取得一千萬美元貸款作為心理支持，他可以實現台灣自治並且說服蔣中正不要來台灣」。

此時的美國政府內部，對於台灣地位「究竟誰屬」的議論四起，多位重要外交官員都曾公開提出「台灣地位未定論」的論調，這一論調更是隨著國共內戰局勢的惡化而逐漸浮到美國政壇的檯面上，美國國務院曾建議將台灣交由聯合國託管，美國政府也已開始著手針對可能被中國共產黨佔領的台灣進行政策檢討。

一九四八年十二月十日，中華民國總統蔣中正發布全國戒嚴令，與戰場較遠的台灣省當時尚未受到影響。十二月二十四日，蔣中正突然任命陳誠取代魏道明，接任台灣省政府主席。

在蔣中正召集黨、政、軍要員開會研究下野文告、討論如何保留總統職位的法律問題，另一方面則讓少數親信庫存277餘萬兩黃金、1520萬枚銀元以及大量珍貴文物、檔案資料等運往台灣，直到蔣中正正式發布引退謀和文告後，便在蔣經國隨行之下搭乘專機離開南京飛杭州，其後轉返抵奉化溪口故里。

就在蔣中正面臨進退維谷之際，眼見局勢不利於國民黨而打算投奔中國共產黨的陳儀，嘗試策反京滬杭警備軍總司令湯恩伯一起「投共」，但湯恩伯擔心若讓國民政府軍統特務毛森得知，自己會被牽連，於是便將此事呈報蔣中正；陳儀蕤後被免去浙江省主席職務並遭軟禁。

一九四九年一月五日，美國駐華大使司徒雷登的私人顧問拜訪了副總統李宗仁，針對蔣中正準備向台灣撤退一事，表示恐有潛越之嫌的擔憂；而同一日，陳誠在正式就任臺灣省主席的就職記者會上強調要「使台灣成為一個復興中華民族的堡壘」，一週後，陳誠收到蔣中正自南京發給的手令：

> 須知此時何時，台灣何地，尚能任吾人如往日放肆無忌，大言不慚乎。
> 台灣法律地位與主權在對日和會未成以前，不過為我國一託管地之性質，

何能明言作剿共最後之堡壘與民族復興之根據地，
豈不令中外稍有常識者之輕笑其太狂囈乎。

蔣中正一番話，是對陳誠告誡，強調中華民國只是暫時性代表同盟國接管台灣，僅有治權而無主權。美國隨後也向國民黨警告，在〈對日和約〉簽訂之前，根據開羅協定，盟總對台仍負有任務，故南京政府可遷往廣州，不能遷往台灣。

三月十四日，美國中央情報局發表報告：

從法律角度來看，台灣不是中華民國的一部分。
在等待〈對日和約〉的期間，該島嶼仍是被佔領的領土。
無論是美國或任何其他強權，都沒有正式承認台灣被併入中國。
現在，在台灣有一種強烈想要自治的情緒，
但情況被本土台灣人和中國國民黨的利益衝突複雜化。
台灣人極度怨恨國民黨政府自接收日以來在台灣的表現。
中國統治者已經剝削本土人民到了極限，不顧人民的福祉或島上的資源保育。
國民黨的陸軍、海軍、空軍不僅效率低，連忠誠度和作戰的意志力都是問題。
此外，這樣的一個亡命政權會因為本土人民的敵視而變得不穩定，在這種情況下，本土人民會越來越容易被共產勢力影響。

蔣中正下野後，代總統李宗仁雖力謀與中國共產黨和平談判，但因蔣中正認為「毛澤東之八項條件為和談基礎，直等於投降」，也拒絕接受李宗仁、何應欽等人設想的「國共隔江分治和談方案」，最終談判破裂，解放軍接著便渡江直指南京。

一九四九年四月二十五日，蔣中正拜別母墳後走上鳳凰山眺望故鄉，便與蔣經國父子倆離開溪口，開始不停輾轉撤離，直到五月七日，乘靜江輪由上海啟程至舟山預作上海撤退國軍停頓的安排之後，便旋即飛抵澎湖。蔣中正萬萬沒想到，那日登上鳳凰山，竟是人生最後一次眺望故鄉。

自陳誠接替魏道明後，美國便開始陸續接觸陳誠。陳誠為爭取經濟援助，起初曾向美方表示贊同成立自治政府，並表示蔣中正不會出來主事，但五月十二日卻向美方表示自己「追隨蔣二十年，不可能拒其來台」，美國於是不再與陳誠談經援的事情；五月十八日，美國國務卿艾奇遜致電美國駐廣州總領事館，對台灣地位表示「國務院對台灣地位的立場已於國務院發言人的聲明中言明，最終的決定必須等候〈對日和平解決方案〉之議定」。

07.

一九四九年五月十九日，展開戒嚴的台灣。

這一天，台灣省政府主席兼台灣省警備總司令陳誠正式頒布《臺灣省政府、臺灣省警備總司令部布告戒字第壹號》，宣告自同年五月二十日零時起在台灣省全境實施戒嚴，包含台灣本島與周邊附屬島嶼、以及澎湖群島──包括澎湖群島全部在內的澎湖戒嚴區，則以馬公要塞司令李振清兼任戒嚴司令。

對於以外交與經濟手段保衛台灣的目標，美國國務院認為已經是澈底失敗，遠東司開始對台政策進行再檢討，但儘管深知台灣戰略地位非常重要，美國參謀首長聯席會議考量美軍當下實力與擔負全球各地的義務相當不平衡，因而堅持原先「美國無法在台用兵」的意見。

身處太平洋另一端的蔣中正明白英、美對國民黨能力的質疑，會有無法守住台灣使南太平洋海島防線發生缺口、共軍奪取而將台灣納入蘇聯勢力範圍的顧慮，而憂慮盟總恐真將台灣自己手移交盟國或聯合國暫管，於是急忙託人傳話給麥克阿瑟元帥。

六月二十四日，蔣中正飛抵台灣本島，積極挽救國際上同盟間的信賴。七月十日蔣中正應菲律賓總統季里諾的邀約前去訪問，兩人在碧瑤舉行會議後發表聯合聲明，號召東亞各國成立「亞洲反共聯盟」，以抵抗並消除共黨勢力之威脅。其後，蔣中正再前往廣州，組織中國國民黨非常委員會，並自任主席指揮國軍作最後抵抗。

七月二十日，中國國民黨宣布將在台北成立總裁辦公室；八月六日，蔣中正從定海飛往大韓民國訪問，與李承晚總統在鎮海舉行第一次會議後發表聯合聲明，同意碧瑤會議之聯盟主張，並將採取步驟以促成「反共聯盟」的實現。

儘管非常委員會在蔣中正的領導下，先後在廈門、廣州、重慶一再部署防禦，仍是兵敗如山倒。面對一天比一天嚴重的局面，蔣中正即使如空中飛人一般，到各地主持軍政人員會議、布置防務、會商局勢，大勢終究無法挽回。

十一月十四日，蔣中正自台北飛往重慶；二十九日，蔣中正主持軍事會議時親自指示重慶外圍作戰計畫，但入夜林園行邸已聞槍聲，而兵工廠爆炸，蔣中正只得倉皇逃到白市驛機場，隔日清晨飛抵成都，而重慶於同日下午「赤化」。

十二月七日，蔣中正指示閻錫山「作好今晚離開」成都的準備，立即決定將國府遷移往台北，並指示行政院召開緊急會議。當晚，行政院舉行會議通過國府遷設台北案，並隨即發布「總統令」。

十二月十日，蔣中正從成都敗退到台北後，聲稱要「反共復國」、「光復大陸」，以「三民主義建設臺灣」；隨著中國大部分領土被中國共產黨控制，中華民國政府遷抵台北市，台灣海峽至此展開長期對峙，**台灣人陷入漫長的白色恐怖統治時代**。

一九五〇年四月五日，根據蔣中正指示，行政院決定將二二八事件人犯迅速予以保釋。而陳儀則被押解到台灣、囚禁於基隆，五月時蔣中正以匪諜案，指示臺灣軍事法庭判處陳儀死刑，六月十八日清晨五時許槍決陳儀。

直到一九八七年七月十五日，中華民國總統蔣經國宣布解嚴為止，《臺灣省政府、臺灣省警備總司令部布告戒字第壹號》共持續三十八年又五十六天，是人類歷史上最長的戒嚴之一。

【後記】

揭開西瀛勝境的真相

二〇一九年二月二十八日，南甲洗家。

兩年前，我確實把下半年的時間都空出來了，卻沒能寫完伯公的故事。

這兩年，不斷的採訪耆老、挖掘文獻、拼湊史實，歷史把真相打碎，散落在總督府的紀錄文件、行政長官公署的報告書、耆老的片段記憶、將軍的日記、後來的調查報告中，並不是那麼容易找尋，因為不同的立場而有的敘事史觀，而且總是不乏說謊來粉飾的人。

展開研究調查後的半年，我擱下了《西瀛勝境》的寫作工程，回到政治工作的崗位，帶著澎湖青年陣線的幹部們，投入了二〇一八年的基層大選。

這一年，除了在空檔蒐集資料，我並沒有動筆。

感謝國家文化藝術基金會所有承辦人員的協助與包容，讓我的計畫得以展延一年至今，讓我在選戰結束後，能夠重新拾起自己所有整理的海量資料，再度出發這趟追尋島嶼神祕歷史的旅程。

七十餘過去了，澎湖東北季風依然凜冽。

在追尋島嶼神祕歷史的旅程中，我們可以看見台灣對於二二八事件敘事的另一面，那些軍民之間的衝突、那些熱血沸騰的青年、那些無辜被波及的民眾、那些居中協調的地方仕紳，雖然多日空雷聲聲響卻終未落雨，我們也看見海邊的牌樓只用太過片段的文字去銘記這洶湧澎湃的歲月。

不得不然的是，在許多耆老訴說的故事中，仍然必須把小部分的時間順序調整，把幾個故事的內容修飾，把那些重要的角色易名，這不單單是為了小說寫作的劇情考量，裡頭是太多真實的但當事人卻不願再被揭開的傷疤。

既要無愧歷史，又辜負不得小說——這是寫本作最難之處。

經歷了一個月高壓密集的不間斷寫作，完成了《西瀛勝境》的初稿，這只是個開始；我總是說，寫完《西瀛勝境》最重要的使命，就是要拿掉每一句「澎湖並未捲入二二八」的謊言。

雖然十分疲憊，但仍要感謝所有為保存這一份歷史付出過心力的人，每一位受訪的耆老、每一位專家與學者，讓我們還有機會不被歷史的謊言淹沒。

而那些礙於故事篇幅沒辦法去談的後續故事，我們可以看見那些並未喪生的澎湖菁英，在地方政治發展的軌跡中，與台灣的異同：澎湖二二八事件處理委員會的委員中，在事後多半仍持續參與地方政治，主任委員許整景參選過澎湖縣長、委員呂安德後來當選第七屆民選縣長，委員郭石頭、高順賢則分別成為戰後澎湖南、北派的政治領袖。

不少菁英雖然活下來、沒有消失，卻只能選擇服從國民黨的統治；澎湖在戰後雖然未如金門與馬祖一般，實質上卻仍是「軍統」體制，澎湖防衛司令部的司令官位階仍高於縣長，自一九五一年首屆民選縣長起一直到一九八五年第九屆選舉為止，澎湖縣長多數皆由澎防部推薦、具有軍人身分者當選。

然而，仍有不少菁英在經歷那個時代的衝擊後，失去了對政治改革的熱情，或者將自己埋沒在黨政軍體制之中。

寫作此書的最後一節，會希望閱讀者都能在故事之中，重新找回對社會的熱情，在這個更多元更自由更創意的時代，找尋我們自己的路徑，實踐我們自己的理想。

當然，我們更有責任去弭平歷史的傷口，在軍事佔領地用武裝殺害平民是戰爭罪行，依聯合國公約及國際上的慣例沒有追訴期限，轉型正義的工作將是我們這一代人無可迴避的重責大任。

米蘭．昆德拉說過，「人類對抗權力的鬥爭，就是記憶與遺忘的鬥爭」。

趙文邦和所有在那個時代挺身而出的澎湖人，他們在澎湖醫院外的包圍、他們在馬公港邊草繩纏船的抗爭、他們在鎮公所高呼那句「少年人有血，老大人有膏」，七十餘年前他們用生命寫下的故事，感謝所有促成完成本書的因緣，讓我有機會寫下屬於自己家鄉島嶼的史詩。

有一天，我會有自己的孩子，而我不希望我的孩子活在失去記憶的島嶼上，更不希望我的孩子活在歷史悲劇重演的世界裡頭。

感謝追求台灣獨立自由民主路上的烈士英靈，接下來就是我們的事了。

台灣史地類　PC0881　讀歷史120

西瀛勝境：
那群在二二八事件抗爭的澎湖青年

作　　者／鳴　鏑
責任編輯／喬齊安
圖文排版／周怡辰
封面設計／劉肇昇

發 行 人／宋政坤
法律顧問／毛國樑　律師
出版發行／秀威資訊科技股份有限公司
114台北市內湖區瑞光路76巷65號1樓
電話：+886-2-2796-3638　傳真：+886-2-2796-1377
http://www.showwe.com.tw
劃撥帳號／19563868　戶名：秀威資訊科技股份有限公司
讀者服務信箱：service@showwe.com.tw
展售門市／國家書店（松江門市）
104台北市中山區松江路209號1樓
電話：+886-2-2518-0207　傳真：+886-2-2518-0778
網路訂購／秀威網路書店：https://store.showwe.tw
國家網路書店：https://www.govbooks.com.tw

2020年6月　BOD一版
定價：380元

國家圖書館出版品預行編目

西瀛勝境：那群在二二八事件抗爭的澎湖青年 /
鳴鏑著. -- 一版. -- 臺北市：秀威資訊科技,
2020.06
面； 公分. -- (人文史地類)(讀歷史 ; 120)
BOD版
ISBN 978-986-326-824-6(平裝)

1. 二二八事件

733.2913 109007975

讀者回函卡

感謝您購買本書，為提升服務品質，請填妥以下資料，將讀者回函卡直接寄回或傳真本公司，收到您的寶貴意見後，我們會收藏記錄及檢討，謝謝！
如您需要了解本公司最新出版書目、購書優惠或企劃活動，歡迎您上網查詢或下載相關資料：http:// www.showwe.com.tw

您購買的書名：________________________________

出生日期：________年________月________日

學歷：□高中（含）以下　□大專　□研究所（含）以上

職業：□製造業　□金融業　□資訊業　□軍警　□傳播業　□自由業
　　　□服務業　□公務員　□教職　□學生　□家管　□其它____

購書地點：□網路書店　□實體書店　□書展　□郵購　□贈閱　□其他

您從何得知本書的消息？

□網路書店　□實體書店　□網路搜尋　□電子報　□書訊　□雜誌
□傳播媒體　□親友推薦　□網站推薦　□部落格　□其他________

您對本書的評價：（請填代號　1.非常滿意　2.滿意　3.尚可　4.再改進）

封面設計____　版面編排____　內容____　文／譯筆____　價格____

讀完書後您覺得：

□很有收穫　□有收穫　□收穫不多　□沒收穫

對我們的建議：________________________________

____

____

____

請貼
郵票

11466
台北市內湖區瑞光路 76 巷 65 號 1 樓
秀威資訊科技股份有限公司 收
BOD 數位出版事業部

（請沿線對折寄回，謝謝！）

姓　　名：＿＿＿＿＿＿＿＿　年齡：＿＿＿＿　性別：□女　□男

郵遞區號：□□□□□

地　　址：＿＿＿＿＿＿＿＿＿＿＿＿＿＿＿＿＿＿

聯絡電話：（日）＿＿＿＿＿＿＿＿（夜）＿＿＿＿＿＿＿＿

E-mail：＿＿＿＿＿＿＿＿＿＿＿＿＿＿＿＿＿＿